# Wandern im Nationalpark Hohe Tauern West

Dietrich Höllhuber

DUMONT aktiv

# Inhalt

**Bitte schreiben Sie uns, wenn sich etwas geändert hat!**
Alle in diesem Buch enthaltenen Angaben wurden vom Autor nach bestem Wissen erstellt und von ihm und dem Verlag mit größtmöglicher Sorgfalt überprüft. Gleichwohl sind – wie wir im Sinne des Produkthaftungsrechts betonen müssen – inhaltliche Fehler nicht vollständig auszuschließen. Daher erfolgen die Angaben ohne jegliche Verpflichtung oder Garantie des Verlages oder des Autors. Beide übernehmen keinerlei Verantwortung und Haftung für etwaige inhaltliche Unstimmigkeiten. Wir bitten dafür um Verständnis und werden Korrekturhinweise gerne aufgreifen:

DuMont Reiseverlag, Postfach 10 10 45, 50450 Köln
E-Mail: info@dumontreise.de

# Wandern im Nationalpark Hohe Tauern

## Wandersaison

Die Wandersaison in den Hohen Tauern beschränkt sich auf die Monate Juli bis September. Allerdings kann bis Mitte Juli und ab Mitte September so viel Schnee liegen, dass einige Touren nicht möglich sind, und bei einem Wettersturz schneit es auch im August häufig bis auf 2000 m herunter. Der Alpenhauptkamm ist für seine schweren Gewitter berüchtigt, bei Gewitterwarnung besser Kulturprogramm planen!

## Anspruch

In der Rubrik ›Die Wanderung in Kürze‹ wird jeweils darauf hingewiesen, ob es sich bei der Wanderung um eine einfache (+), eine mittelschwere (++) oder eine anspruchsvolle (+++) Tour handelt. Die Charakterisierung des Anspruchs ist auf normale Bergwanderer mit etwas Erfahrung bezogen, die trittsicher sind. Wo in einigen Fällen Schwindelfreiheit erforderlich ist, wird darauf hingewiesen.

## Gehzeiten

Die angeführten Zeitangaben sind reine Gehzeiten. Sie sind Durchschnittszeiten und können individuell variieren. Rechnen Sie bei der Planung einer Wanderung noch ein Fünftel bis ein Viertel der Zeit hinzu, um Pausen, Abstecher oder schlimmstenfalls einen ›Verhauer‹ zu berücksichtigen.

## Wege und Markierungen

Die Wanderwege im Nationalpark Hohe Tauern, die von Sektionen des Alpenvereins oder anderer alpiner Vereine gewartet werden, sind rot-weiß markiert. Wegmarkierungen werden daher in der Wegbeschreibung nicht gesondert erwähnt.

## Ausrüstung

Feste Wanderstiefel (Trekkingstiefel) sind unbedingt empfehlenswert. Sie sollten leicht, aber möglichst wasserdicht sein. Nützlich sind Teleskopstöcke, die vor allem beim Abstieg die Gelenke entlasten. Regen- und Sonnenschutz sollte man immer dabeihaben. Ein Handy leistet gute Dienste, um die Übernachtung zu reservieren oder ein Taxi zu rufen, allerdings gibt es nicht überall ein Netz.

## Wanderkarten

Die Österreichische Karte 1:50 000 (ÖK) ist neben den Alpenvereinskarten 1:25.000 das beste und detaillierteste Kartenwerk. Leider wird sie nicht sehr oft und sehr rasch nachgeführt, weshalb es sich lohnt, eine Kompasskarte (KK) oder eine von Freytag&Berndt (FB) als Referenz mitzunehmen. Diese Karten, ebenfalls im Maßstab 1:50 000, sind aber stark generalisiert, oft ungenau und in vielen Fällen nicht ausreichend, um sich wirklich zu orientieren.

## Bergwetterdienst

Wetterdienst des Österreichischen Alpenvereins:
Ostalpenwetter: Tel. 0900 91156682
Regionales Alpenwetter:
Tel. 0900 91156681
www.alpenverein.at/wetter/index.htm

## Sicherheit

Gehen Sie im Hochgebirge nie allein auf eine Wanderung. Falls Ihnen etwas zustößt, kann Ihre Begleitung Hilfe holen. Hinterlassen Sie in Ihrer Unterkunft einen Hinweis, wohin Sie aufbrechen und wie lange Ihre Wanderung voraussichtlich dauern wird.

## Notruf

**Bergrettungsdienst:** Tel. 140
**Alpines Notsignal:** 6x pro Minute (alle 10 Sekunden) optisches oder akustisches Signal (Rufen, Pfeifen, Winken), dann 3 Min. Pause, dann wiederholen. Antwort: 3x pro Minute ein Signal.

## Mit Bus und Bahn

Im Nationalpark gibt es weder privaten PKW-Verkehr noch Aufstiegshilfen, die längeren Täler mit beliebten Wanderzielen sind aber durch einen Taxiservice erschlossen. Die meisten Startpunkte sind bequem von einem einzigen Standort erreichbar: Die Felbertauernstraße ermöglicht den raschen Wechsel von Nord nach Süd und umgekehrt auch für Benutzer von öffentlichen Verkehrsmitteln.

## SYMBOLE IN DEN KARTEN

- Gasthaus, Berghütte (bewirtschaftet)
- Schutzhütte, Unterstand
- Kirche
- Kapelle
- Denkmal, Monument
- Bergwerk (in Betrieb)
- Bergwerk (aufgelassen)
- t Wegkreuz, Marterl
- Höhle
- Wf. Wasserfall
- Quelle
- Herausragender Nadelbaum
- Sendemast

# Die Venedigergruppe

Vom Flugzeug sieht man vor allem die Gletscher: eine grau-weiße Masse, aus der ein paar isolierte, dunkle Gipfel ragen, weiße Gletscherfinger, die in die Täler fließen. Ganz anders der Anblick von den benachbarten Berggruppen aus: Weiße Spitzen sieht man zwar auch von der Lasörlinggruppe im Süden und von den Pinzgauer Schieferalpen im Norden, wenn man in Richtung Venedigergruppe blickt. Vor allem aber sieht man die vielen parallelen Täler, die den Weg in die Berge der Venedigergruppe vermitteln, die Almen in den höheren Talböden, die Wälder an den steilen Flanken, den langgezogenen Streifen hochalpiner Matten unter der Gipfelzone. Wieder anders sind die Anstiege: Von den nördlichen und südlichen Haupttälern wie dem Virgental und dem Pinzgauer Salzachtal führt eine steile Stufe in die Nebentäler, die von der Venedigergruppe herunterziehen. Hier flossen während der Eiszeiten Nebengletscher auf die Gletscher in den Haupttälern auf. Nachdem sie abgeschmolzen waren, gruben die Bäche Klammen oder stürzten als Wasserfälle über die Steilstufen. Das Nebental selbst hat meist einen flachen Almboden, links und rechts steigen steile Hänge empor. Sie tragen im unteren Bereich noch Wald, oft Lärchen-Zirbenwald, im oberen aber Hochalmen, die heute meist nicht mehr bewirtschaftet sind, oder alpine Strauchheiden mit Almrausch. Wildbäche rauschen von der darüber liegenden flacheren Zone der hochalpinen Matten herunter. Lawinenzüge durchbrechen den Wald, erkennbar an der niederen Vegetation, oft Erlen und Birken. Im Talschluss stürzen oft wieder Wasserfälle aus den hochgelegenen Karen herunter. Ein See oder Seelein liegt oft in diesen Karen, herrliche Erfrischung an heißen Tagen. Wer noch höher geht, gelangt über hochalpine Steige in die Gipfel- und Gletscherregion.

Die gewaltigen Gletscher und die meist über 2600 m hoch liegenden Übergänge – nur der Felbertauern ist mit 2481 m etwas niedriger – bilden die alte politische Grenze zwischen dem ehemals unabhängigen Fürsterzbistum Salzburg und der Grafschaft Tirol, einem Teil des habsburgischen Österreich. Dennoch waren sie nie ein Hindernis. Seit die Menschen in Mitteleuropa Handel trieben, wurden die Alpen überquert und das ist in den Hohen Tauern nicht anders. Die Salzburger Fürsterzbischöfe ließen schon im Mittelalter die »Tauernhäuser« als Hospize für den Säumerhandel über die Hohen Tauern errichten, davon legen das Krimmler Tauernhaus, das Tauernhaus Spital im Felbertal und das Matreier Tauernhaus heute noch Zeugnis ab. Auch für die Bauern und ihre Viehherden war der Alpenhauptkamm nie ein Hindernis: Noch immer treiben Ahrntaler (Südtiroler) Bauern ihre Herden über die hohen Pässe auf Pinzgauer Almen. Heute werden diese Übergänge allerdings vor allem von Bergwanderern gequert, und die Tauernhäuser und viele andere gemütliche Berghütten dienen vorwiegend ihnen. Ein Netz großartiger Wege und Steige durchzieht die Venedigergruppe, viele sind auch für normale Bergwanderer ohne Spezialausrüstung zu begehen (wie alle Touren dieses Bandes).

Der Tourismus ist nicht erst eine Erscheinung unserer Zeit. Er begann vielmehr bereits im frühen 19. Jh. mit dem Versuch der Erstbesteigung des Großvenedigers (3674 m) durch den österreichischen Erzherzog Johann. Der bergbegeisterte Habsburger startete am 7. August 1828 mit einer großen Gruppe von Einheimischen unter Führung des Försters Paul Rohregger durch das Obersulzbachtal. An der Nordwestwand des Großvenedigers musste die Gruppe jedoch umkehren, nachdem Rohregger von einem Schneebrett erfasst und schwer verletzt worden war. Erst 1841 gelang dann die Erstbesteigung, damals erreichten die Pinzgauer Anton von Ruthner und Ignaz von Kürsinger mit 24 weiteren Männern den Gipfel. 1875 errichtete man erstmals eine Hütte für Bergsteiger, ihre Nachfolgerin ist nach dem Erstbesteiger benannt: die Kürsingerhütte im obersten Obersulzbachtal.

Warum der Venediger so heißt? Die kleinen »Venedigermandln« begegneten den Jägern und Sennen des Gebirges, auf ihren Rücken trugen sie schwere Goldlasten. Woher sie das Gold hatten, wohin sie es brachten, wusste keiner. Oder sieht man vom Gipfel des Großvenedigers an klaren Tagen gar Venedig? Beides Sagen, beides Hirngespinste: Niemand weiß, warum der Venediger so heißt.

# Almen im Nationalpark?

Was haben Almen in einem Nationalpark zu suchen? Wurden die Nationalparks nicht geschaffen, um vom Menschen unberührte Natur für alle Zeiten und zukünftige Generationen zu erhalten? Widerspricht nicht die verändernde Anwesenheit des Menschen, sein Wirtschaften, der Nationalparkidee?

So einfach ist die Sache nicht. Die Hohen Tauern, ein ausgedehntes Hochgebirgsland mit Gletschern, Gipfeln, alpinen Matten, unberührten Bächen, Seen, Wasserfällen, teilweise auf das Gebiet beschränkter artenreicher Tier- und Pflanzenwelt ist vom Menschen mitgeschaffen worden. Was uns so begeistert, das Wandern in der Wiesen- und Zwergstrauchregion, ist großenteils ein Produkt menschlichen Wirtschaftens. Die Waldgrenze wurde vom Menschen durch Rodungen heruntergedrückt, die herrlichen Lärchenwiesen wurden durch Auslese weniger großer Lärchenexemplare geschaffen. Die pittoresken, aber schwer zugänglichen Standorte der Zirbe sind ein Produkt der bewussten Selektion des Menschen, denn diese Standorte waren wirtschaftlich uninteressant. Die meisten Wiesen und Weiden in der heutigen Almregion sind erst durch Rodung geschaffen worden, die Wege, die diese Landschaft erschließen, haben Menschen seit tausend Jahren angelegt. Selbst die Tierwelt hat der Mensch beeinflusst: Es gibt keine Bären oder Wölfe mehr, (noch) keine Luchse, Steinbock und Bartgeier wurden zuerst ausgerottet und dann wieder heimisch gemacht, und das scheinbar allgegenwärtige Murmeltier war anfangs des 19. Jh. auf zwei Standorte beschränkt, es ist erst durch Wiedereinbürgerungen in den Tauern heimisch geworden.

Die Hohen Tauern entsprechen offensichtlich viel weniger einem idealen Naturzustand als beispielsweise der Yellowstone-Nationalpark. Wie soll man sie also schützen? Jegliche Nutzung verbieten, sie in einen sekundären Naturzustand zurückfallen lassen, wie das in den Kernzonen geschieht? Oder muss man nicht vielmehr anerkennen, dass die Region Hohe Tauern mit ihrer Verzahnung naturnaher, vom Menschen unbeeinflusster Gebiete mit traditionellem Wirtschaften etwas ganz Besonderes ist, genauso schützenswert wie niemals vom Menschen berührte Natur?

Zum Beispiel die Almen im Nationalpark: Sie sind ein Museum traditioneller bäuerlicher Kultur, doch zugleich lebendige Tradition. Die Senner und Sennerinnen gehen nicht auf die Alm, weil sie von der Nationalparkverwaltung bezahlt werden, sondern weil es so seit vielen Generationen der Brauch ist und: weil es sich rentiert. Milch, Butter, Käse, Buttermilch, Topfen werden nach alten Regeln, wenn auch heutzutage oft mit modernen Maschinen produziert. Dass die Produkte an Touristen direkt verkauft werden können ist angenehm, aber nicht notwendig, schließlich hat heute fast jede Alm einen Materiallift oder gar eine Zufahrtsstraße und kann ihre Produkte rasch und frisch ins Tal bringen. Größere Frachten, besonders am Beginn und Ende des Almjahres, übernimmt der Hubschrauber.

Die Senner auf der Alm haben‘s gut, meint man, ein bisschen jodeln, ein bisschen Kühe melken, Kaiserschmarrn backen, mit den Gästen plaudern und ein Stamperl Selbstgebrannten ausgeben – das Klischee entspricht nicht der Wirklichkeit. Sennen ist harte Arbeit, zehn und mehr Stunden pro Tag, sieben Tage die Woche, einen ganzen Sommer lang. Dafür gibt es einen im europäischen Maßstab lachhaft niedrigen Lohn und eine noch lachhaftere Altersversorgung. Warum gehen dann immer noch Frauen und Männer auf die Alm? Nur aus Tradition, weil der Vater, die Großmutter, der Ahnl schon auf der Alm waren? Die Sennerin der Litzlhofalm im Seidlwinkltal feierte im Jahr 2001 ihren 50. Almsommer. Warum kommt sie Jahr um Jahr? Als ich ihr den süßen Gruß eines Busfahrers von der Glocknerstraßen-Linie überbrachte, stand sie ganz allein im leeren Stall. »Vergelt's Gott, vergelt's Gott« war das einzige, was sie heraus brachte, als ich ihr die Schokolade übergab. Dann blickte sie wieder durch die Tür hinaus oder in sich hinein, in ihre Erinnerungen. Wenn sie nicht mehr da ist, wird sich eine Nachfolgerin finden? Oder wird das Almwesen in den Tauern untergehen, ausgerottet werden wie Bär, Luchs und Wolf? Wir wollen's nicht hoffen.

# Blumenwiesen der Tauern

Blumen im Gebirge haben Symbolcharakter: Edelweiß, Enzian und Almrausch wurden von der Alpinfolklore vereinnahmt und zu Markenzeichen verfremdet. Das Edelweiß dient vielen Alpinvereinen, darunter diejenigen Deutschlands, Österreichs und Südtirols, als Emblem, zahllose Lokale nennen sich »Edelweiß«, »Stella Alpina«, »Gasthaus zur Alpenrose« oder »Enzianhütte«. Kein Kellnerinnendress, kein Sängerinnendirndl bei Volksmusikveranstaltungen (oder dem, was als solche ausgegeben wird) ohne Enzian und Edelweiß.

Im alpinen Gelände findet man noch ein paar mehr Blumen. Und durchaus nicht überall dieselben, denn Blumenwiesen unterscheiden sich sehr stark voneinander, je nachdem, auf welchem Gestein sie sich entwickelt haben, wie hoch sie liegen, ob sie beweidet oder gemäht oder in Ruhe gelassen werden, wie sie der Sonne, dem Regen, dem Wind ausgesetzt sind. Wobei auffällig ist, dass die blumenreichsten Wiesen nicht jene sind, die im Waldbereich liegen und darunter, sondern diejenigen, die oberhalb der Waldgrenze liegen. Von diesen sind ebenfalls viele durch den Menschen geschaffen, der durch Herausschlagen lockeren Baumbestandes – meist Lärchen und Zirben – Weideflächen gewonnen hat, noch weiter oben aber sind es natürliche Wiesen, die vom Menschen nicht beeinflusst oder beeinträchtigt wurden.

Es gibt viele Arten Enzian, nicht alle sind blau, nicht alle würde man als solche erkennen. Sogar der Stengellose Enzian, *der* Enzian, der durch seine dunkelblaue, trichterförmige große Blüte leicht zu bestimmen ist, besteht aus zwei für den Laien identisch aussehenden Arten. Die eine, *Gentiana acaulis,* kommt auf sauren Gesteinen vor, sie dominiert in den Hohen Tauern, die andere nennt sich *Gentiana clusii* und kommt auf kalkreichem Boden vor, etwa in den Sajatmähdern im Virgental, wo der Untergrund großenteils aus Kalkschiefern besteht. Auch das Edelweiß *(Leontopodium alpinum)* liebt den Kalk. Sie finden es z.B. bei der Sajathütte und bei der nahen Eisseehütte. Diese Bestände sind recht ausgedehnt, trotzdem darf man sich nicht verleiten lassen, sie zu pflücken, die Pflanze ist schon viel zu selten geworden (und gänzlich geschützt).

Nicht nur Pflücken kann den Bestand gefährden: Der bis zu 60 cm hohe Punktierte Enzian *(Gentiana punctata)*, den man an seinen vielen gelben, schwarz gepunkteten Blüten erkennt, hat noch andere Qualitäten: Früher hat man seine Wurzelstöcke ausgegraben und daraus den »Enzian« hergestellt, einen intensiven Bitterschnaps. Heute werden dafür eigens angebaute Pflanzen verwendet, sodass sich die Bestände in den letzten Jahrzehnten teilweise gut erholen konnten.

Eine andere Pflanze wurde gefährdet, weil man ihre Blüten zu Heilzwecken verwendet: die Arnika *(Arnica montana)*. Die leuchtend gelb-orangefarbenen Blütenstände werden in Alkohol eingelegt, man verwendet den Auszug zur Wundheilung. Auf manchen hochgelegenen Wiesen steht die Arnika, seit sie teilweise geschützt ist, wieder in unzähligen Exemplaren.

Zu den schönsten Kostbarkeiten der Bergwiesen gehören die Orchideen. Zwei von ihnen trifft man in den höchsten Bergwiesen immer wieder gemeinsam an, das Kohlröserl *(Nigritella nigra)* und die Wohlriechende Händelwurz *(Gymnadenia odoratissima)*. Riechen Sie an den beiden: das dunkel-purpurne Kohlröserl duftet deutlich nach Vanille, die Wohlriechende Händelwurz hat einen intensiven, angenehmen, würzigen Geruch. Die beiden teilen sich denselben

hochalpinen Lebensraum und werden von den gleichen Insekten bestäubt, sodass es manchmal zu Hybriden zwischen den beiden Arten kommt. Wie die wohl riechen?

Es gibt sogar eine Blume der Tauern, die ihren Namen nach diesem Gebirgszug trägt: der Blaue Tauerneisenhut *(Aconitum napellus ssp. tauricum)*. Die großen, intensiv blauen Blüten dieses Eisenhuts trifft man nicht nur rund um Almen an – Eisenhut mag nährstoffreichen Boden – , sondern bis hinauf in die höchsten Zonen. Dort oben zeigt er an, wo Wild lagert, also vor allem Gämsen. Die ganze Pflanze enthält das nach ihr benannte Aconitin und ist sehr giftig, ein Auszug der Wurzeln wird in Medizin und Homöopathie verwendet.

# Der Bartgeier

Der Bartgeier ist ein Spezialist. Er hat Appetit auf Knochen, die er in den von Gänsegeiern und anderen Tieren ausgeweideten Resten toter Schafe, Ziegen, Gemsen und, wo es sie gibt, Steinböcke findet. Kleinere Knochen bis zur Größe eines Gemsenlaufes verschlingt er im Ganzen, sein besonders leistungsstarker Verdauungsapparat wird sich schon um sie kümmern. Größere Knochen läst er aus 100 m Höhe auf einen Felsen fallen, wo sie zersplittern und zur handlichen Mahlzeit werden. Früher dichtete man ihm an, er würde Schafe überfallen und Lämmer reißen, daher der alte Name »Lämmergeier«. Dabei könnte ein Bartgeier mit einem lebenden Lamm gar nichts anfangen, zum Reißen ist er nicht geboren. Seine Nahrung findet er bei den Opfern von Absturz, Lawinen, Altersschwäche, Krankheit, Erfrieren im frühen oder späten Schneefall. Bis zu 80% seiner Nahrung bestehen aus Knochen, Sehnen und Bändern, das Fleisch interessiert ihn nicht, was er an Fleisch zu sich nimmt, sind die an den Sehnen und Knochen hängende Reste.

Ein guter Resteverwerter also. Warum wurde diesem für die Nahrungskette ausgesprochen nützlichen Tier derart nachgestellt, dass der Bartgeier bereits vor Generationen im gesamten Alpengebiet ausstarb (der letzte alpine Bartgeier in freier Wildbahn wurde 1913 im Aostatal abgeschossen)? Vorurteil, üble Nachrede – siehe oben – und der Tötungstrieb derer, die mit einem Gewehr in der Hand in die Landschaft gehen, sind die Ursachen. Von dem einst über sämtliche südeuropäischen Gebirge sowie Alpen und Karpaten verbreiteten Vogel blieben nur winzige Restpopulationen in den Pyrenäen, Korsika, Kreta und zwei griechischen Festlandsstandorten bestehen. Sie waren völlig isoliert, es gab keinen genetischen Austausch mehr.

Das änderte sich ab 1976. Damals wurde begonnen, aus den Bartgeiern europäischer Zoos geeignete junge Tiere zu Zuchtpaaren zusammen zu stellen mit dem Ziel, ihren Nachwuchs irgendwann in die Freiheit zu entlassen. Die ersten Bartgeier wurden 1986 im Krumlbachtal im heutigen Nationalpark Hohe Tauern freigelassen, es folgten Freilassungen in Südostfrankreich, der Schweiz und Nordwest-Italien. Aber es dauerte lange, bis es zum Brüten kam, der bisher erste und einzige Brutversuch war im Frühjahr 2001 leider ein Misserfolg. Die beiden 1989 und 1991 im Rauris freigelassenen Jungvögel Nicola und Joey waren wohl noch zu ungeübt, ihre Brut verhungerte.

Die am 23. Mai 2001 frei gelassenen Vögel Christa und Eldorado konnten im Sommer 2001 im Gschlösstal beobachtet werden, wo Zoologen mehrere große Fernrohre aufgestellt hatten. Die beiden hatten sich einen Schlafplatz in unmittelbarer Nähe ihres Freilassungsplatzes in einer steilen Wand oberhalb von Außergschlöss gewählt, zogen aber bereits große Kreise, um sich mit dem Gebiet vertraut zu machen. Zu diesem Zeitpunkt wurden sie noch gefüttert, wussten noch nicht, wie man zu Aas bzw. zu Knochen kommt, aber in wenigen Wochen würden sie auf eigenen Beinen stehen müssen.

Wie der Bartgeier zu seinem schönen rostroten Gefieder kommt? Zooleute wunderten sich immer wieder, dass gefangene

*Jugendlicher Bartgeier im Flug (links), Porträt eines erwachsenen Bartgeiers*

Bartgeier mit der Zeit ihre Färbung verlieren. Heute weiß man, dass die Tiere sich im Eisenoxyd haltigen Moorwasser wälzen, bis sie ihre schöne Farbe erhalten . Warum sie das tun, weiß allerdings niemand, denn von einem Schönheitssinn der Bartgeier ist nichts bekannt.

Hier noch ein kurzer Steckbrief des Bartgeiers. Lateinischer Name *Gypaetus barbatus,* Gewicht: 5 bis 7 kg, Flügelspannweite: bis zu 3 m, Alter bei der ersten Brut: 5 bis 8 Jahre, Höchstalter in Gefangenschaft: 44 Jahre. Sein Flugbild ist im Gegensatz zu dem anderer Geiern (im Nationalpark Hohe Tauern kommt nur der wesentlich häufigere und meist gesellige Gänsegeier in Frage) durch besonders schmale Flügel gekennzeichnet, dazu kommt ein breiter Kopfansatz und ein spitz zulaufender Schwanz.

Die Unterseiten der Flügel sind bei den meisten Tieren durch helle Federn künstlich markiert. Dies diente zur Identifizierung der Vögel, so lange sie durch eine Außenstelle des WWF im Rauris beobachtet und betreut wurden. Dieses Projekt wurde mittlerweile allerdings eingestellt, übrig geblieben sind nur die Informationstafeln an vielen Hütten, die darum bitten, Beobachtungen zu melden.

Tour 1

# Vergnügen der eisigen Art

**Vom Krimmler Achental zum Eissee und zum Krimmler Tauern**
Ein verstecktes Kleinod ist der einsame Eissee, in den das Seekarkees seine Zunge streckt. Der Abstieg vom Krimmler Tauern folgt dem Triebweg der Herden Südtiroler Bauern ins Krimmler Achental.

## DIE WANDERUNG IN KÜRZE

++ Anspruch

8 Std. Gehzeit

1250 m An-/Abstieg

**Charakter:** Hochalpine Wanderung in technisch unschwierigem Gelände auf alpinen Steigen; eine längere Strecke auf Almerschließungsstraße

**Wanderkarten:** ÖK 151 Krimml, F&B 121 Großvenediger Oberpinzgau, Kompass 38 Venedigergruppe Oberpinzgau

**Einkehrmöglichkeiten:** Krimmler Tauernhaus

**Anfahrt:** Mit **Bus** oder **Auto** von Mittersill bzw. Zell am See bis Krimml, mit dem **Auto** auch über den Gerlospass vom Zillertal; Zufahrt zur Hütte mit Hüttentaxi des Krimmler Tauernhauses (Tel. 06564 8327)

**Unterkunft:** Krimmler Tauernhaus: Tel. 06564/8327 (23 Betten, 28 Lager, ganzjährig geöffnet)

Der anheimelnde Holzbau des **Krimmler Tauernhauses** kann auf eine lange Tradition zurückblicken. Schon im Spätmittelalter stand an dieser Stelle eine einfache Schutzhütte auf dem Weg zum Krimmler Tauern, einem wichtigen alten Pass über den Alpenhauptkamm. Heute nächtigen hier vor allem Wanderer, Bergsteiger und Mountainbiker, und immer öfter kommen Reitergruppen, die den Pass vom Südtiroler Ahrntal aus auf Haflingern überqueren.

Wir überschreiten die Brücke vor dem Krimmler Tauernhaus und stehen auf dem Sträßchen, das links neben der Krimmler Ache weiter in den Talschluss hineinführt. Wir fol-

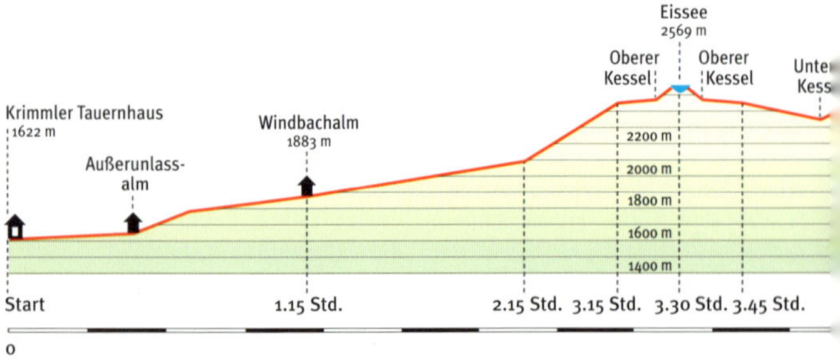

START
Krimmler Tauernhaus
1622 m
512
RAINBACHTAL
Roßkarlacke
2293 m
Rainbach
Peter Obholzer Weg
KEESWÄNDE
KEESBÖDEN
Graukarkopf
2665 m
Windbachtalkopf
2843 m
Nationalpark
Krimmler Ache
Außerunlassalm
1665 m
Richterhütte
2374 m
2414 m
Windbachtalkogel
2843 m
WINDBACHKAR
Wf.
502
1834 m
Windbachscharte
2696 m
Rainbachkees
Rheydter Spitze
2802 m
Windbachalm
1883 m
519
902
WINDBACHTAL
Windbach
2539 m
Jaidbachalm
1695 m
Rainbachspitze
3129 m
Fritz Pungs Weg
Hohe Tauern
Schlachtertauern
2750 m
Zillerplattenspitze
3147 m
540
2819 m
Wagner
2536 m
Zillerplattenscharte
2880 m
2492 m
GLOCKENKAR
TAUERNLEITEN
Schafseebl
Glockenkarkees
STEINKAR
2108 m
Seekarkees
Glockenkarkopf
2913 m
Eissee
2388 m
Steinkarkees
OB. KESSEL
Pfaffenschneide
2790 m
Kesselweg
541
2361 m
13
Lausitzer Weg
Dreiecker
2892 m
UNT. KESSEL
Krimmler Tauern
2633 m
Birnlückenhütte
2441 m
Schientalkopf
2773 m
2459 m
Windbachspitze
2867 m
ehem. Neugersdorfer Hütte
2568 m
Hl. Geist Joch
2658 m
Lausitzer Weg
SÜDTIROL
Lahneralm
1986 m
2496 m
Tauernweg
Kehreralm
1842 m
2440 m
(ITALIEN)
Schüttalalm
2024 m
Ahrnbach
AHRNTAL
0
1 km
1 : 75.000

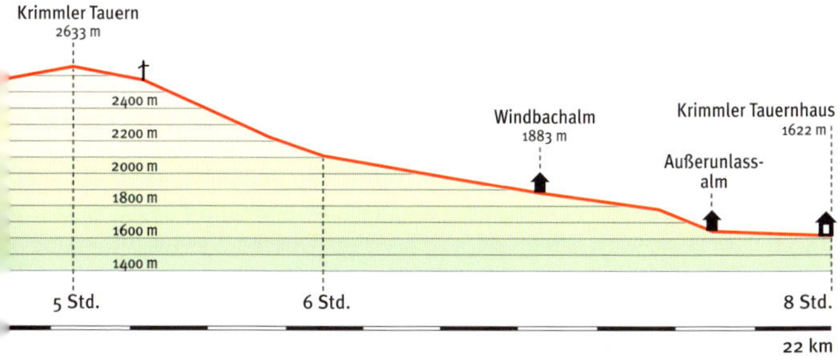
Krimmler Tauern
2633 m
2400 m
2200 m
2000 m
1800 m
1600 m
1400 m
Windbachalm
1883 m
Krimmler Tauernhaus
1622 m
Außerunlass-
alm
5 Std.
6 Std.
8 Std.
22 km

*Der Eissee im Windbachtal*

gen ihm nach rechts bis zur **Außerunlassalm,** wo sich nach einer Engstelle das Tal wieder weitet und sich allmählich der Blick auf das riesige Krimmler Kees im Talschluss öffnet. Etwa 100 m nach der Alm führt ein schmaler Weg nach rechts, der nach kurzer Wiesenquerung in den mit Fichten bewaldeten und im Spätsommer pilzreichen Hang führt. Nach diesem steileren Stück wird wieder eine Almzubringerstraße erreicht, der wir nach rechts in das **Windbachtal** hinein folgen. Bei der **Windbachalm** (1.15 Std.) endet die Straße, dann führt ein gut markierter Weg weiter. Mountainbiker, die sich die Tour zum Krimmler Tauern ausgesucht haben, bekommen bald lange Gesichter: An feuchten Stellen – und es gibt viele feuchte Stellen – wurde der Weg mit einzelnen großen Trittsteinen befestigt, die jedes Radfahren unmöglich machen.

Das Windbachtal führt nicht auf spektakuläre Berge zu, das Spektakel, das Ziel dieser Tour ist, versteckt sich noch: der Eissee. Man erreicht ihn auf dem Kesselweg, der an einer Gabelung (Wegweiser »Kesselweg–Plauener Hütte–Richterhütte«) nahe dem Talschluss steil nach rechts hinaufführt, er ist meist als Steintreppenweg ausgebaut. Ein in Kaskaden herabfallenden Bach begleitet uns. Wir erreichen eine langgezogene, mit Steinen übersäte Terrasse, den **Oberen Kessel,** und einen Querweg, dem wir nach rechts folgen, bis wir nach nur 5 Min. an einer Gabelung stehen. Ein Wegweiser lenkt uns nach links hinauf (»Zillerplattenscharte–Plauener Hütte«), der recht steile Weg bringt uns auf eine mit riesigen Felsbrocken bedeckte Schulter und zum **Eissee** (3.30 Std.).

Der Blick vom Seeufer, das etwas unterhalb des Weges liegt, auf See und Hintergrund gleicht Bildern aus polaren Zonen. In den milchig-türkisgrünen See ergießen sich zwei Gletscher, die zusammen nur einen Namen haben: Seekarkees. Früher trafen sie sich nämlich knapp vor dem See und brachen als einzige Eisfront in ihn ab. Heute treffen sie sich an keiner Stelle mehr, nur noch der rechte (nordwestliche) kalbt noch auf breiter Front in den See.

Nach einer Pause geht es zurück bis zum **Oberen Kessel,** nunmehr aber nicht nach links hinunter, sondern geradeaus weiter auf der Fortsetzung des Kesselweges. Nach einem kurzen Aufstieg geht es hinunter in den **Unteren Kessel** und wieder aufwärts bis zu einer Weggabelung. Rechts sieht man von hier aus ein einsam stehendes Haus, die ehemalige Zollhütte, die knapp unter dem Pass liegt. Also nach rechts und an der Zollhütte vorbei hinauf zum **Krimmler Tauern** (5 Std.).

Wenn man ihn erreicht hat, verschlägt es einem den Atem, denn nach Süden öffnet sich das Panorama des Ahrntales mit den Gipfeln der Venedigergruppe: vor allem die Rötspitze (3496m) und die Dreiherrnspitze (3499m) mit ihren eisverkleideten Flanken stechen hervor. Ein überdachtes Bänkchen lädt zum Brotzeiten ein und zum Sinnieren darüber, wer denn diese drei Herren waren: Im Mittelalter waren dies die Grafen von Görz mit dem heutigen Osttirol, die Grafen von Tirol mit dem heute italienischen Ahrntal und die Erzbischöfe von Salzburg mit dem Pinzgau, deren Territorien hier zusammentrafen. Heute stoßen am Gipfel die österreichischen Bundesländer Salzburg und Tirol an das italienische Südtirol.

Der Abstieg ist leicht zu finden: Er folgt dem alten Saumweg über den Krimmler Tauern. Dieser wurde 1551 von der erzbischöflichen Hofkammer in Salzburg zum Preis von 600 Gulden errichtet, das entspricht etwa 110 000 €. An einigen Stellen kann man die gelegten Platten, und vor allem die aufgemauerten Böschungen noch gut erkennen.

Also zurück bis zur **Gabelung,** dann rechts (ein Kreuz nach 100 m zeigt, dass wir richtig gegangen sind). Über die mäßig steilen Viehweiden der Tauernleiten hinunter in den Talschluss des **Windbachtales,** wo der Windbach auf Trittsteinen überquert wird. Wir kommen am Beginn des Kesselweges vorbei und kennen nun unsere Route, entspricht sie doch dem Aufstiegsweg. Das Windbachtal zieht sich beim Abstieg, und das **Krimmler Tauernhaus** scheint weiter talauswärts zu sein, als man das in Erinnerung hat – aber schließlich ist es doch erreicht (8 Std.).

## Die Saumer

Die Saumer (auch Samer, Säumer) haben ihren Namen vom »Saum«, dem Warenbündel, das ihre Pferde über die Alpenpässe beförderten. Straßen gab es nicht bis ins 19. Jh., der Transport ging über Wege und für Pferde geeignete Steige, eben die »Saumwege«. Krimmler Tauern, Felbertauern, Kalser Tauern, Hochtor, Mallnitzer Tauern, Korntauern waren bedeutende Pässe, über die Waren befördert wurden. Aus dem Salzburger Land kamen vor allem Salz, Edelmetalle und Pelze, die in Venedig gegen Glas, Seife, Gewürze, orientalische Stoffe, Südfrüchte und Wein eingetauscht wurden. Auch im Winter wurde gesaumt; wenn es geschneit hatte, spurten Saumer mit unbepackten Pferden vorneweg, dahinter kamen die Packpferde – trotz Lawinengefahren, plötzlichen Schneestürmen, winterlich kurzen Tagen und der mit dem eventuellen Übernachten im Freien verbundenen Lebensgefahr. Die Salzburger Fürsterzbischöfe verbesserten die Situation etwas durch den Bau von Tauernhäusern am Beginn und Ende der Steilstellen. Einige dieser Häuser haben bis heute überlebt, wie das Krimmler Tauernhaus, das Tauernhaus Spital am Felbertauern, das Matreier Tauernhaus, das Kalser Tauernhaus und jenes im Rauristal.

Tour 2

# Scharte mit Ausblick

## Rainbachtal und Windbachtal über Windbachscharte

Die Gletschergruppe des Rainbachkeeses baut sich während des Aufstiegs zur Richterhütte immer gewaltiger auf. An der luftigen Windbachscharte kommt das Panorama zwischen dem Krimmler Tauern und der eisgepanzerten Schlieferspitze dazu.

### DIE WANDERUNG IN KÜRZE

+++
Anspruch

7.30 Std.
Gehzeit

1100 m
An-/Abstieg

**Charakter:** Hochalpine Überschreitung, Schwindelfreiheit und Trittsicherheit Voraussetzung: beim Abstieg von der Windbachscharte ausgesetzte Wegführung, sonst mäßig schwieriger alpiner Steig, alpine Wege und Almerschließungssträßchen

**Wanderkarten:** ÖK 151 Krimml, F&B 121 Großvenediger Oberpinzgau, Kompass 38 Venedigergruppe Oberpinzgau

**Ausrüstung:** Wenn Kinder dabei sind: Reepschnur zum Sichern an der Windbachscharte

**Einkehrmöglichkeiten:** Richterhütte, Matreier Tauernhaus

**Anfahrt:** Mit **Bus** oder **Auto** von Mittersill bzw. Zell am See bis Krimml, mit dem Auto auch über den Gerlospass vom Zillertal; Zufahrt zur Hütte mit Hüttentaxi des Krimmler Tauernhauses (Tel. 06564/8327)

**Unterkunft:** Matreier Tauernhaus: Tel. 06564 8327 (23 Betten, 28 Lager, ganzjährig geöffnet); Richterhütte: Tel./Fax 06564/7328 (18 Betten, 36 Lager, Mitte Juni–Mitte Sept.)

Beim **Krimmler Tauernhaus** führt eine kleine Brücke über den hurtig zur Krimmler Ache herunterstürzenden Rainbach, die vom Almzufahrtssträßchen ins Rainbachtal genutzt wird. Wir vertrauen uns diesem Sträßchen an, das uns zunächst recht steil die bewaldete Stufe hinaufleitet, die Krimmler Achental und Windbachtal trennt. Dort, wo das Tal flacher wird, zweigt ein markierter Weg nach rechts ab, er führt über die Rainbachscharte zur Zittauer Hütte (nur für geübte und schwindelfreie Bergsteiger!). Wir bleiben auf dem sehr schmalen Sträßchen, das bald aus dem Wald heraus und nunmehr mit nur geringer Steigung weiterführt. Einzelne alte Zirben begleiten uns noch bis zur **Rainbachalm**, wo wir auf die andere Bachseite wechseln, dann dominiert das Krummholz.

Nach einer Kurve öffnet sich plötzlich das Panorama des Talschlusses mit der Gletschergruppe des Rainbachkees zwischen Rainbachspitze (3129m), Reichenspitze (3303m)

und Mannlkarkopf (2870m). Drohend kleben die Hängegletscher an den übersteilen Flanken des Talschlusses, als wollten sie auf den nächstbesten Bergsteiger herunterfallen. Der Weiterweg öffnet das Panorama immer weiter, bei der nächsten Gabelung in den **Keesböden**, wo das Almsträßchen endet, ist es vollständig (2 Std.). An der Gabelung nach links zur jetzt links oben sichtbaren Richterhütte. Die Angabe »20 Min.« auf dem Schild soll auch müde Wanderer hinauflocken, denn tatsächlich ist man noch eine halbe Stunde auf gutem Steig unterwegs.

Brotzeit bei der **Richterhütte** (2.30 Std.). Drinnen sieht man nichts vom Gipfel- und Gletscheramphitheater, in dessen Mitte die Hütte steht, also hält man sich meist nicht lange auf. Weiter bergan auf dem bei der Hütte beginnenden markierten Steig zur Windbachscharte. Rechts wird das

Gletscherpanorama zunehmend plastischer, und man möchte am liebsten nur schauen, schauen. Die Gletscher rücken schließlich so nahe heran, dass man kaum an einen eisfreien Durchstieg zum Windbachtal zu hoffen wagt. Erst auf der **Windbachscharte** (3.30 Std.), die man nach einem letzten steilen Anstieg durch recht lockeres Material erreicht (Vorsicht!), kann man sich versichern, dass es wirklich weitergeht, ohne dass man auf den Gletscher muss. Wer nicht schwindelfrei ist, kehrt hier um, denn der Abstieg – direkt an der Scharte scharf nach links und zunächst fast ohne Niveauverlust in den jenseitigen Steilhang hinein – ist zwar gut (1999 neu) mit durchlaufenden Halteseilen ver-

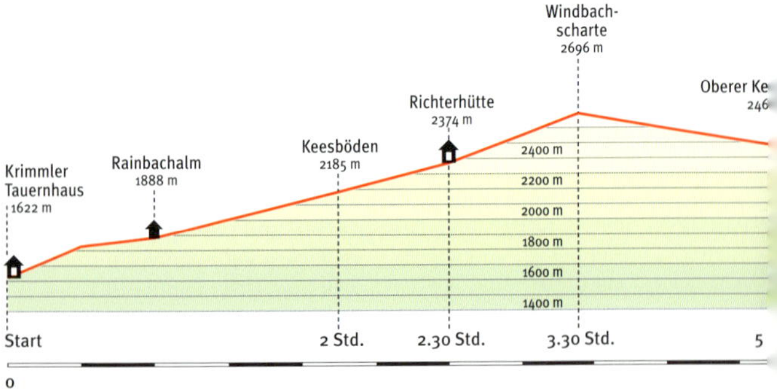

*Die Richterhütte im Rainbachtal*

sichert, aber auf den ersten 300 m sehr ausgesetzt. Kinder unbedingt sichern!

Der Weg erreicht nach der Traverse am Fuße des Steilhangs einen Grobschutthang und ändert dort die Richtung, sodass man nun unterhalb der Scharte vorbei nach Süden wandert, die Höhenunterschiede sind gering. Nach einem deutlichen Felsriegel, der **Keesfeldschneid** (»Schneid« bezeichnet im Österreichischen einen Felsriegel), quert man einige Bachläufe mit Gletscherwasser. Nach dem nächsten Riegel, der **Aschbichlschneid** (4.30 Std.), geht es etwas bergauf, dann erreicht man eine Weggabelung. Wer will, kann den kurzen Abstecher rechts hinauf zum romantischen Eissee machen (s. Tour 1), wer seine Kräfte schonen will – die Tour ist ja nicht gerade kurz – geht geradeaus und ohne Höhenunterschied 250 m weiter bis zur nächsten Gabelung (5 Std.), wo er sich nach links und abwärts wendet.

Der eingeschlagene Weg ist der **Kesselweg,** der meist auf Steinplatten ins Windbachtal hinunterführt. Bei der Einmündung in den dortigen Talwanderweg (5.30 Std.) wendet man sich links und erreicht bei der **Windbachalm** ein Almsträßchen. Nach der Brücke über den Windbach zweigt ein Wanderweg nach links ab und kürzt die große Kurve der Straße ab. Man trifft bei der **Außerunlassalm** wieder auf das Sträßchen, dem man zum **Krimmler Tauernhaus** folgt (7.30 Std.).

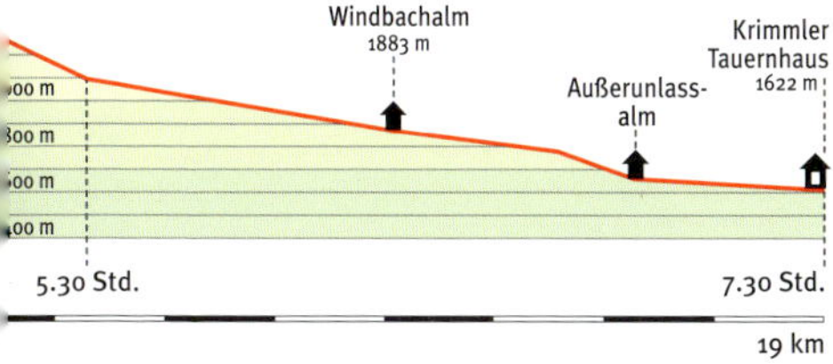

Tour 3

# Abendweide mit See

## Durch das untere Obersulzbachtal zum Seebachsee

Das waldreiche untere Obersulzbachtal bildet den Auftakt, Seebachtal und Seebachfall das Mittelstück, der Seebachsee in hochalpinem Kar End– und Höhepunkt dieser Tour, die besonders im Waldbereich wenig begangen wird.

### DIE WANDERUNG IN KÜRZE

**++** Anspruch

**7 Std.** Gehzeit

**1100 m** An-/Abstieg

**Charakter:** Lange, aber technisch unproblematische Wanderung auf Steigen, Wegen und Almerschließungsstraßen

**Wanderkarten:** ÖK 151 Krimml, F&B 123 Großvenediger Oberpinzgau, Kompass 38 Venedigergruppe Oberpinzgau

**Einkehrmöglichkeiten:** Gasthof Berndlalm: Tel. 06639/166718 (27 Betten, Anfang Mai – Mitte Okt.)

**Anfahrt:** Mit **Bahn/Bus** ab Zell am See bzw. Mittersill nach Rosenthal, von dort markierter und beschilderter Weg zum Gasthof Siggen; mit dem **Auto** ab Zell am See oder vom Zillertal über den Gerlospass bis zur Zufahrt ins Obersulzbachtal, Straße bis Gasthof Siggen bzw. bis zum Parkplatz am Aufstiegsweg

**Unterkunft:** Gasthof Berndlalm:Tel. 066 39/ 16 67 18 (27 Betten, Anfang Mai–Mitte Okt.)

**Abkürzungsmöglichkeit:** Die Tour lässt sich auf 5 Std. kürzen, wenn sie vom Parkplatz Hopffeldboden gestartet wird.

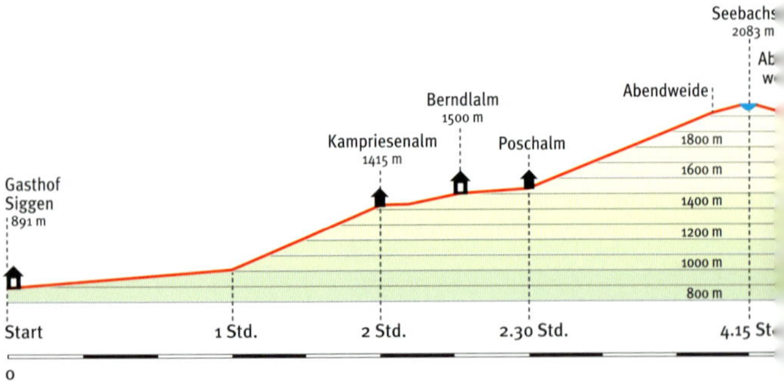

Vom **Gasthof Siggen** führt die Straße über die Bachbrücke ins **Obersulzbachtal.** Wir bleiben aber auf der Seite des Gasthofs und nehmen die Forststraße, die hier beginnt. Sie führt recht bequem talaufwärts, der kleine Blausee zwischen hohen Nadelbäumen bleibt rechts, man sieht ihn nur ein oder zwei Mal durch den dichten Wald aufblitzen. Nach einer Stunde, man hat kaum 200 Höhenmeter gewonnen, führt an einer Wegkreuzung ein Weg nach rechts hinunter zum Bach (er führt jenseits zum Parkplatz Hopffeldboden hinauf, wir werden ihn auf dem Rückweg in umgekehrter Richtung benutzen).

Nun wird das Sträßchen zum Weg und bald zum Steig durch schönen Hochwald. Plötzlich öffnen sich die Bäume und das Weideland der **Kampriesenalm** (2 Std.) ist erreicht. Auf dem Erschließungssträßchen, das zu ihr führt, gehen wir bis zur ersten Rechtskurve. Dort findet sich links ein Weg, der uns wieder durch Wald bis zur Straße durch das Obersulzbachtal führt, der wir nach links folgen. Schöne Blicke auf den Seebachfall, der aus dem Seebachsee gespeist wird, unserem Tourenziel.

*Der Seebachfall*

Beim Wirtshaus **Berndlalm** wird sich kaum jemand die Gelegenheit entgehen lassen einzukehren, zumal die Wirtin köstliche Mehlspeisen und traumhafte Kasnocken zaubert. Aber Vorsicht: Der Steilanstieg kommt erst jetzt, und mit vollem Magen steigt sich's schlecht. Der überwältigende Blick von hier auf den Talschluss des Obersulzbachtales mit dem mächtigen, eisübergosse-

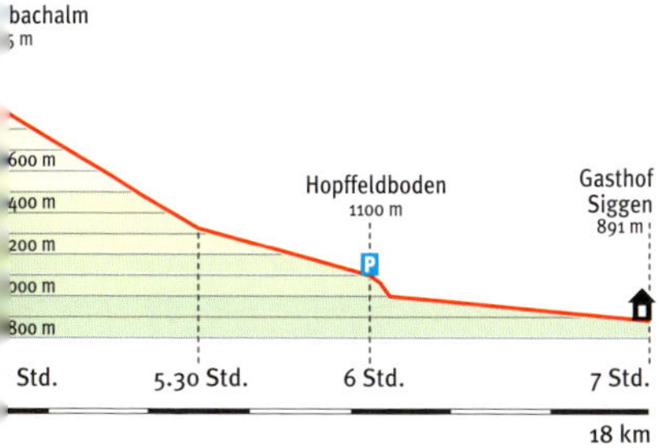

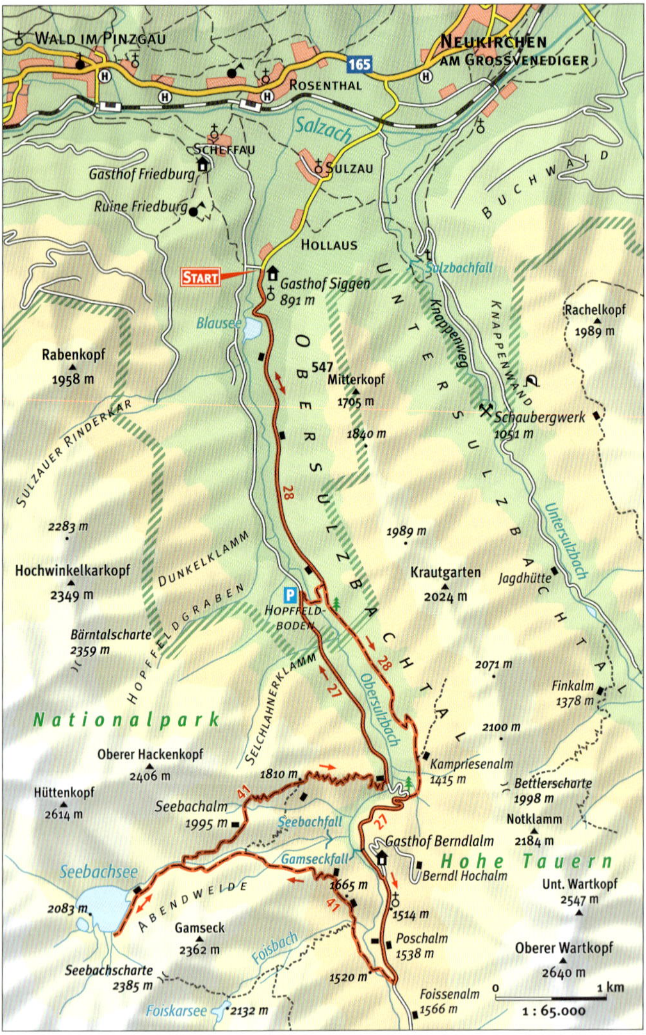


nen Großen Geiger (3360 m) regt zum Aufbruch an.

Bei der Berndlalm hat man die Steilstufe überwunden, die den unteren Teil des Obersulzbachtales von seinem Mittelteil trennt. Man geht nun auf der Talstraße weiter bis zur nächsten Alm, der **Poschalm** (2.30 Std.), eine Wegkapelle bleibt links. Bei der Poschalm wendet man sich auf den markierten Wanderweg, der hier rechts abgeht, auf einer Brücke den Bach quert und dann nach rechts bergauf führt. Vor einem Brückerl im bald erreichten Wald zweigt links ein ebenfalls markierter

*Alpenanemone*

Weg zur Seebachscharte ab, den wir mit Nichtachtung strafen, er bietet nämlich keine Verbindung zum Seebachsee. Also: Über die Bachbrücke, eine Wiese, wieder Wald und nunmehr meist steile Steigung. Wir sind oberhalb des Seebachfalles, sehen ihn aber nicht, obwohl das Grünerlengebüsch, in das wir weiter oben eintreten, den Blick über die Landschaft ermöglicht. Endlich ist die Baumgrenze erreicht. Wir wandern jetzt oberhalb des Seebaches auf der **Abendweide.** In früheren Jahrhunderten wurde hier nach wertvollen Mineralien gegraben, was man an einigen Stellen noch erkennt. Der Steg zur Seebachalm bleibt rechts. Immer links des Baches wandernd erreichen wir ganz plötzlich den **Seebachsee** (4.15 Std.), im Hintergrund das überwältigende Panorama der Gipfelkette, die im 3029 m hohen Foiskarkopf kulminiert.

Der Rückweg führt zu dem kleinen Steg über den Seebach, den wir vorhin rechts liegen ließen. Wir überschreiten ihn, und stehen bald darauf vor dem ersten Gebäude der **Seebachalm** (4.30 Std.), deren Hauptgebäude etwas weiter bergabwärts von einem Lastenaufzug versorgt werden. Wir gehen noch nach links über die Almwiesen, queren ein Wiesentälchen und wandern dann rechts zunehmend steil hinunter zur Straße durch das Obersulzbachtal. Auf der Straße (5.30 Std.) nach links bis zum **Parkplatz Hopffeldboden** (6 Std.), wo die meisten Besucher des Obersulzbachtales ihr Auto stehen lassen (um nicht weiter als bis zur Berndlalm zu gehen). Dort rechts hinunter und über den Bach (Brücke) auf das Forststräßchen des Hinweges, dem wir nach links und zum **Gasthof Siggen** am Ausgangspunkt folgen (7 Std.).

# Türkische Zeltstadt

## Kürsinger Hütte und Gletscherweg im Obersulzbachtal

Aus dem Obersulzbachtal führt der Klammlsteig zur Kürsingerhütte. Zum Obersulzbachkees gelangt man über den neuen Gletscher-Schauweg zur »Türkischen Zeltstadt«.

### DIE WANDERUNG IN KÜRZE

**++** Anspruch

**6 Std.** Gehzeit

**900 m** An-/Abstieg

**Charakter:** Hochalpine Wanderung auf schmalen Steigen, der gut gesicherte Klammlsteig verlangt etwas Schwindelfreiheit; Gletschergeher werden dringend davor gewarnt, von der Hütte über die ehemalige »Türkische Zeltstadt« im Gletscherzungenbereich zum Gletscherweg zu queren, das lockere Moränenmaterial kann jederzeit in Bewegung geraten!

**Wanderkarten:** ÖK 151 Krimml, F&B 121 Großvenediger Oberpinzgau, Kompass 38 Venedigergruppe Oberpinzgau

**Einkehrmöglichkeiten:** Gasthof Postalm, Kürsingerhütte

**Anfahrt:** Nach Rosenthal oder Neukirchen a.G. mit **Bahn/Bus** ab Zell am See bzw. Mittersill; mit dem **Auto** ab Zell am See oder vom Zillertal über den Gerlospass bis zur Zufahrt in das Obersulzbachtal, Straße bis Gasthof Siggen bzw. bis zum Parkplatz am Aufstiegsweg (siehe Text); vom Bahnhof bzw. vom Gasthof **Hüttentaxi** zur Postalm (Tel. 065 65/6520) oder zu Fuß: s. Tour 4 (1 Std. ab Berndlalm).

**Unterkunft:** Gasthof Postalm: Tel. 06565/6520 (20 Betten, 10 Lager); Kürsingerhütte: Tel./Fax 06565/6450 (50 Betten, 100 Lager, Anfang Juni–Ende Sept.)

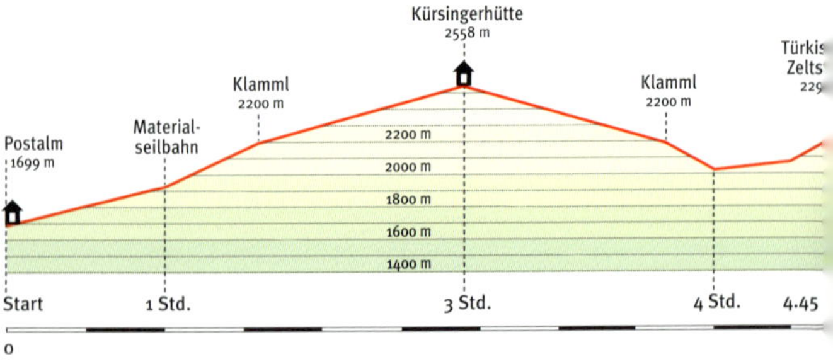

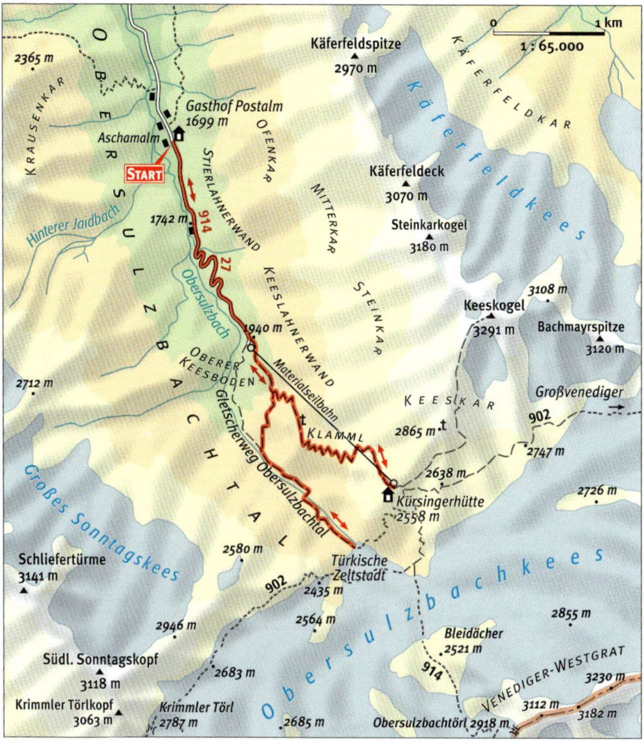


Von der **Postalm,** der letzten Einkehr- und Nächtigungsmöglichkeit im Talboden des Obersulzbachtales, führt die unbefestigte Straße noch weiter taleinwärts. Bei einer Talstufe sind zunächst ein paar Kurven zu bewältigen, »Abschneider« sind sehr unerwünscht. Sie schaffen Erosionsrinnen und zerstören die Vegetation, wie deutlich zu sehen ist. Bei der Talstation der Materialseilbahn zur Kürsingerhütte ist eine Verflachung erreicht, der **Keesboden** (1 Std.). Hier führen zwei Wege weiter. Wir wählen den linken, schmalen Fußweg, der mit »Kürsingerhütte« beschildert ist. Er führt mäßig steil zu den senkrechten Felsabstürzen, die über dem Tal drohen, und überwindet sie elegant in einer schmalen Schlucht, dem **Klamml.** Vorher gibt es eine ausgesetzte Stelle, die aber auch auf der Außenseite sehr gut gesichert ist.

Man erreicht die Wiesen oberhalb der Felsabstürze, ist aber beileibe noch nicht da: Bis zur Hütte dauert

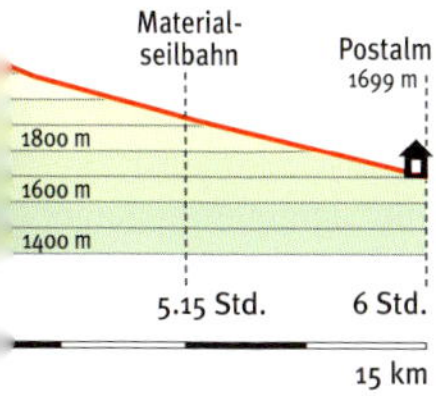

*Rast über dem Obersulzbachkees*

es noch eine halbe Stunde. Das Panorama des Talschlusses des Obersulzbachtales, bisher vom Großen Geiger (3360 m) dominiert, erweitert sich noch einmal und vervollständigt sich bei der **Kürsingerhütte** (3 Std.): Erst jetzt ist der höchste Berg der ganzen Gruppe zu sehen, der Großvenediger (3666 m). Vor uns fließt Eis von den hohen Graten dieses massigen Berges, das Obersulzbachkees ergießt sich in mehreren Strömen unter uns ins Tal, die Welt besteht nur noch aus Stein und Gletschereis. An einem schönen Tag mag man sich gar nicht mehr von dieser Aussichtswarte trennen. Gesellschaft bekommt man von den touristengewohnten Murmeltieren, die nach Nüssen suchen oder dem Rest eines Müsliriegels.

Vor dem Aufbruch bummelt man vielleicht von der Hütte noch etwas höher die Bergwiesen hinauf, macht an einem der Schmelzwasserbäche Rast und träumt von zukünftigen Touren.

Dann heißt es wieder zurückgehen, auch wenn andere Bergsteiger über diese Vorsicht lächeln. Der direkte Abstieg zum Gletscherweg Obersulzbachtal, dem zweiten Ziel unserer Wanderung, über den Bachmauerweg bzw. Weg 902/912, würde nämlich die Querung des untersten Obersulzbachkeeses knapp oberhalb der heutigen Zunge erfordern. Vor dieser Variante muss gewarnt werden: Im Sommer 2001 kamen hier drei Menschen ums Leben, als sich das Lockermaterial des Hangs unterhalb der Hütte löste.

Also auf demselben Weg zurück, den wir gekommen sind. Der Abstieg geht nicht ganz bis zur Basis der Materialseilbahn, etwa 100 m höher zweigt ein markierter Weg nach links ab, der uns direkt zum Gletscherweg führt. Noch ein Stück auf der in Fließrichtung rechten Bachseite, dann führt eine Brücke nach drüben und der Weg beginnt zu steigen. Die Vegetation verändert sich, wird karger, endet schließlich: hier war vor hundert Jahren noch Gletscher. Und eine besonders zertrümmerte »Serac-Zone«, wie man die Eistürme, -zacken und -spitzen eines Gletscherbruchs nennt, der immer dort entsteht, wo der Gletscher einen deutlichen Knick im Gelände zu überwinden hat. Wegen ihrer Spitzen, die man mit Zelten verglich, war diese Zone als »Türkische Zeltstadt« bekannt. Der Name steht noch immer auf den Karten, aber von der Zeltstadt ist nichts geblieben, da der Gletscher in diesem Bereich ausgeapert, also geschmolzen, ist. Der Weg erreicht die Felszone. Links stürzt der Gletscherbach über glatten Stein. Die Gletscherzunge kommt in Sicht und das Gletschertor, aus dem das schmutzig wirkende, milchige Wasser quillt. Endlich steht man am Ende des Gletscherweges (4.45 Std.), hier mündet die Gletscherquerung von der Kürsingerhütte.

Pause und zurück, den Gletscherweg in umgekehrter Richtung, das Sträßchen (5.15 Std.), endlich das Gasthaus **Postalm** (6 Std.). Blick zurück: Der Großvenediger ist verschwunden, der Große Geiger dominiert den Talschluss, und während wir uns bei Knödeln und Bier erholen, werden die Schatten allmählich länger und der bisher dreidimensionale Gipfel wird zum reinen Profil.

## Literaturtipp

Gletscherweg Obersulzbachtal von Heinz Slupetzky, Naturkundlicher Führer zum Nationalpark Hohe Tauern Band 4 Innsbruck (Österreichischer Alpenverein), erhältlich in den Tourismusinformationen und beim ÖAV.

Tour 5

# Fenster ins Urgestein

**Durchs Untersulzbachtal zur Stockeralm und Aschamalm**
Eine bemerkenswerte Tour: der großartige Untersulzbachfall, Geologenparadies »Tauernfenster« und Schaubergwerk Hochfeld, Gasthaus Stockeralm, ein Blick auf Gletscher und Talschluss von der Aschamalm, und zum Abschluss Jause auf der Finkalm.

## DIE WANDERUNG IN KÜRZE

++ Anspruch

6 Std. Gehzeit

850 m An-/Abstieg

**Charakter:** Talwanderung auf Almerschließungsstraßen, im obersten Bereich alpiner Steig. Wegspuren und hochalpine Bedingungen bei Explorationen ab der Aschamalm

**Wanderkarten:** ÖK 151 Krimml, FB 121 Großvenediger Oberpinzgau, KK 38 Venedigergruppe Oberpinzgau

**Einkehrmöglichkeiten:** Gasthof Schiedhof, Gasthof Stockeralm, Finkalm (nur Brotzeiten)

**Anfahrt:** Mit der **Bahn** ab Zell am See bis Haltestelle Sulzbachtäler, mit dem **Bus** ab Zell am See bis zur Abzweigung Sulzbachtäler an der B 165, von dort zu Fuß auf dem Sträßchen über die Bahnhaltestelle bis Gasthof Schiedhof (10–15 Min.); mit dem **Auto** auf der B 165 aus dem Zillertal oder von Zell am See bis zur Abzweigung Sulzbachtäler 1 km westlich von Neukirchen am Großvenediger und auf dem Sträßchen zum Gasthof Schiedhof.

**Unterkunft:** Gasthof Schiedhof; Gasthof Stockeralm: Tel. 06565/6437 (Pfingsten–Ende Sept.)

**Schaubergwerk Hochfeld:** Mitte Mai–Mitte Okt. wochentags geöffnet, Mitte Juni–Mitte Sept auch Sa/So. Der Fremdenverkehrsverein Neukirchen am Großvenediger, Tel 06565/6256, informiert über die jeweils aktuellen Öffnungszeiten.

Vom **Gasthof Schiedhof** führt ein schmales Sträßchen Richtung Untersulzbachtal, dessen Eingang, wie bei den anderen Tauerntälern im Pinzgau, durch eine steile, bewaldete Geländestufe markiert ist. Am Hangfuß geht es auf dem rechten Weg weiter (der linke über das Brückchen ist unser Abstiegsweg), der gleich recht steil in den Hang steigt und nach einem Ausguck, der **Johann-Bachmayr-Kanzel,** sehr steil weiterführt. Der »Schiedhofblick« erlaubt einen Verschnaufer, und bald darauf verharrt man wegen der prachtvollen Blicke auf das Naturdenkmal **Unter-**

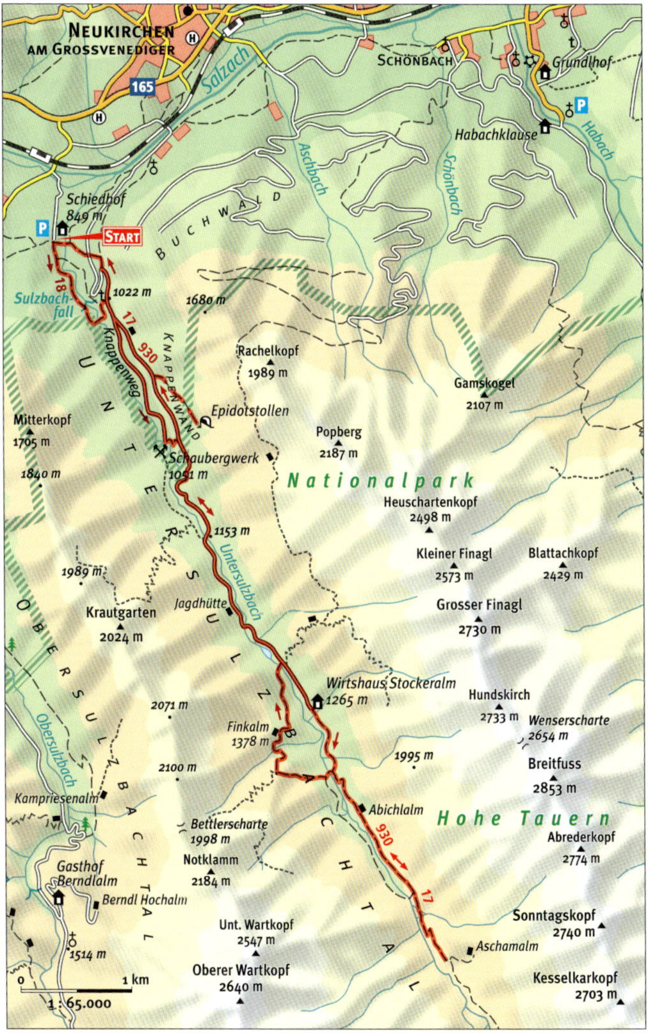


**sulzbachfall.** Der Wasserfall hat sich in einer S-Kurve des Tales gebildet und ist nur an wenigen Stellen zu sehen. Er stürzt 60 m tief in ein halbrund ausgehöhltes dunkles Loch, aus dem er als stiebender Schaum austritt, um noch einmal über eine Gefällestufe zu stürzen. An der Wand gegenüber fallen schwefelgelbe Stellen auf – als ob sich ein Sprayer mit Acrylfarben versucht hat. Es sind seltene Leuchtflechten, die nur an Stellen mit bleibend hoher Luftfeuchtigkeit gedeihen.

Der Weg steigt nur noch wenige Meter an, dann senkt er sich zum

Bach. Wir überqueren ihn auf einem schmalen Steg und wandern jenseits bei der Gabelung nach rechts weiter. Dichter Auwald umgibt uns. Wir erreichen nach einigen Minuten eine Lichtung und dann eine Straße, der wir nach rechts folgen. Diese Straße führt uns direkt zum **Schaubergwerk Hochfeld** (1 Std.). Der Eingang zum Hieronymus-Erbstollen, in dem die Führungen vorrangig stattfinden, bleibt links. Besucher sehen bei der Führung durch den Stollen, wie Bergknappen vom Mittelalter bis zur Schließung 1857 das Kupfererz abbauten. Daneben werden die im Stollen auftretenden Gesteine und Mineralien erklärt, sie gehören zu der für Geologen bedeutsamen »Habachformation«, deren Gesteine 300–400 Mio. Jahre alt und vorwiegend vulkanischen Ursprungs sind. Weiter taleinwärts sind weitere Stollen erhalten, die in beide Seiten des Tales vorstoßen, vor allem der lange Martinstollen.

Wer nicht an einer Führung teilnimmt, lässt das Gebäude rechts liegen und geht noch etwa 100 m am Bach entlang weiter, dann findet sich bei einer alten Sägemühle ein Weg, der nach links aufwärts in den Wald führt. Nach einer Gabelung – dort wieder links – kommen wir auf eine Almerschließungsstraße, der wir nun weiter taleinwärts folgen wollen. Der Bach wird hin und zurück gequert, in den Bach einmündende Lawinengänge mit ihren Grünerlen und geknickten Baumstämmen deuten an, wie gefährdet diese Straße ist – jedes Frühjahr muss man mit der Raupe einen Weg durch Lawinenreste schieben.

Bei der **Stockeralm** (2 Std.) winkt eine Erfrischung, dann geht es weiter zur **Abichlalm** und zum Ende der Straße, 5 Min. später. Der nunmehr steilere Weg war einmal ein Fuhrweg zur Aschamalm, inzwischen ist er wegen Rutschungen, Steinschlag und Lawinenschäden nur noch zu Fuß begehbar. Ein mächtiger Felsblock kündet die nahe **Aschamalm** an (3.15 Std.), Lärchen und Fichten markieren unseren Eintritt in die Kernzone des Nationalparks.

An der Aschamalm ist der Weg zu Ende, zumindest der offizielle, nur Wegspuren führen weiter. Ab hier ist das Untersulzbachtal »Sonderschutzgebiet«: Das Betreten ist erlaubt, aber jeder Abbau, sogar das Aufheben kleinerer Mineralien oder Versteinerungen ist verboten. Wenige Leute kommen bis hier herauf, der weite Weg schreckt ab, bei der Stockeralm sind die meisten hängen geblieben.

Nach der Rast, während der sich die aufgeschreckten Murmeltiere allmählich wieder aus ihren Bauten

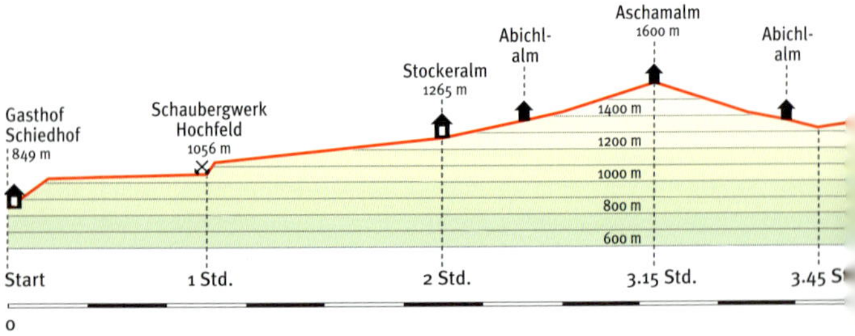

herauswagen, geht es zurück. Bis zur Straße und zur **Abichlalm** ändert sich nichts, aber dann heißt es aufpassen: Etwa 300 m nach dieser Alm nähert sich die Straße dem Bach. Hier führt ein neuer Steg hinüber (3.45 Std.) und auf einen mit Farbflecken markierten Trampelpfad (das Schild »Rundweg Finkalm« ist Richtung Talausgang aufgestellt und kann von taleinwärts leicht übersehen werden). Die Wegspuren führen noch einmal aufwärts zu den Gebäuden der **Finkalm,** die breit hingelagert in ihre Bergmähder bereits auf die Stockeralm hinunterschauen.

Jause und Abschied. Auf dem bei der Alm beginnenden Fuhrweg hinunter ins Tal, nach der **Brücke** (4.30 Std.) sind wir wieder auf der bekannten Straße, der wir nun nach links talauswärts folgen. 5 Min. nach der Stelle, an der der Weg vom Schaubergwerk auf die Straße trifft, biegt rechts der Weg zum Epidotstollen in der Knappenwand ab! 2 Min. später geht bei einem Kreuz ein Weg nach links ab, er ist mit »Rundweg Schiedhof« bezeichnet. Nicht überraschend führt er durch Wald hinunter zu unserem Ausgangspunkt, dem **Schiedhof** (bei Einmündung in den eigentlichen Rundweg rechts halten; 6 Std.).

## Die Knappenwand

In der Knappenwand wurden die bedeutendsten Mineralienfunde des Tales gemacht, so kamen aus dem nur 35 m tiefen Epidotstollen hervorragende Epidote. Der Epidot ist ein gelbgrünes Mineral (Kalzium-, Eisen-, Aluminiumsilikat), das sehr selten als Kristall auftritt und schwarzgrün bis dunkelgrün gefärbt ist. Die bei Sammlern sehr begehrten Kristalle entstanden unter hohen Temperaturen in den Hohlräumen (»Drusen«) des Gesteins. Der Steig zur Knappenwand, die Knappenwandhütte und der Stollen sind in den Geolehrpfad Untersulzbachtal integriert (Dauer des Abstechers ohne Besichtigungen 1 Std.).

**Buchtipp:** Robert Seemann; Geolehrpfad Knappenweg Untersulzbachtal, Naturkundlicher Führer zum Nationalpark Hohe Tauern Bd. 10, Innsbruck 1993, zu erhalten beim ÖAV, bei den Nationalpark-Informationen und im Fremdenverkehrsbüro der Gemeinde Neukirchen am Großvenediger.

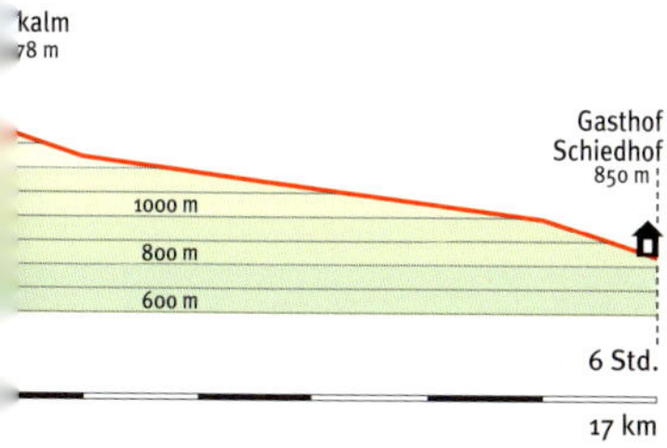

Tour 6

# Smaragd und Alpenrosen

## Auf dem Geologischen Lehrpfad ins Habachtal

Das Habachtal ist einer der berühmtesten Mineralienfundorte der Alpen. Ein Geologischer Lehrpfad macht mit den Gesteinen des Tauernfensters bekannt; vom Gasthof Alpenrose unter dem Smaragdbergwerk führt ein Abstecher zur einsamen Kesselkaralm.

### DIE WANDERUNG IN KÜRZE

+ Anspruch

3.45 Std. Gehzeit

500 m An-/Abstieg

**Charakter:** Talwanderung auf guten Almerschließungsstraßen und Wegen

**Wanderkarten:** WK 151 Krimml und 152 Matrei in Osttirol, F&B 121 Großvenediger Oberpinzgau, Kompass 38 Venedigergruppe Oberpinzgau

**Einkehrmöglichkeiten:** Hotel Habachklause, Gasthof Alpenrose

**Anfahrt: Bahn, Bus** bis Haltestelle Habachtal, mit dem **Auto** über Brambach oder Neukirchen am Großvenediger direkt bis Hotel Habachklause; Hüttentaxi zur Enzianhütte (Tel. 0663/ 06 86 11), Tälertaxi zum Gasthof Alpenrose (Tel. 06566/ 7451, 2–3 Fahrten täglich, Voranmeldung nötig)

**Unterkunft:** Hotel Habachklause: Tel. 06566/739077, www.habachklause.com; Gasthof Enzianhütte: Tel. 0663/068611 (35 Betten, 30 Lager, Mitte Mai–Mitte Sept.); Gasthof Alpenrose: Tel. 0663/9168022 (35 Betten, 30 Lager, Anf. Juli–Ende Sept.)

Vom **Hotel Habachklause** führt ein bezeichneter Weg taleinwärts, der zunächst auf dem in Gehrichtung linken Ufer des Habachs verläuft, aber schon nach 5 Min. über einen Steg zur anderen Talseite führt. Weil die meisten Autofahrer diese Wanderung am Großparkplatz beim

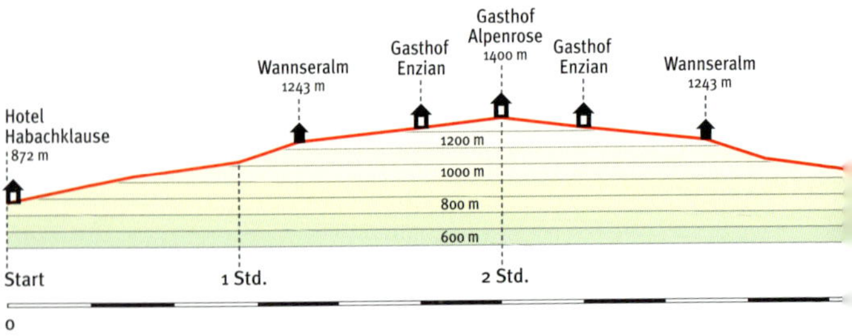

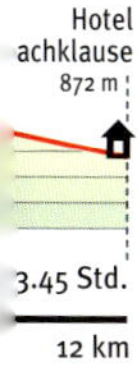


Straßenbeginn ins Habachtal beginnen, ist dieser schattige und kühle Weg meist recht einsam, obwohl er den ersten und wichtigsten Teil des Geologischen Lehrpfads bildet. Mehrere Schautafeln und einige aufgestellte Gesteinsblöcke erläutern Gesteine und Gebirgsbildung. Auch wenn man sich nicht mit den Schautafeln beschäftigt, fällt in Hang- und Bachschutt das Haupt-Gesteinsma-

*Ob was dabei ist? Smaragdwäsche beim Gasthof Alpenrose*

terial dieser Zone auf, ein von Glimmer durchsetzter, fast schwarzer, blättriger Schiefer, der Schwarzphyllit der so genannten »Habachformation«.

Dort, wo man das Sträßchen erreicht, halte man sich links. Kurz vor der Brücke, die wieder auf die in Fließrichtung rechte Talseite führt (auf der wir dann bis zum Gasthof Alpenrose bleiben), sollte man einen Blick auf das anstehende Gestein werfen. Es besteht aus grauem bis grünlichem Biotit-Epidotgneis mit Quarzeinschlüssen, an anderen Stellen kann man regelrechte Kristalldrusen erkennen; auch diese Gesteine gehören zur Habachformation.

Nach der **Brücke** (1 Std.) wird es steiler, man atmet auf, wenn man die flachere Wiesenzone der **Wannseralm** erreicht. Die riesigen Bergsturzfelsen mitten im Grün bestehen aus dem von hier bis zum Gasthof Alpenrose anstehenden Zentral- oder Granitgneis. Mit geringer Steigung geht es weiter, vorbei am **Gasthof Enzianhütte** und der **Mahdlalm** zum imposanten Holzbau des **Gasthofs Alpenrose** (2 Std.). Das gastliche Haus beherbergt Bergsteiger wie Mineraliensucher, am Abend wird über diverse Funde gefachsimpelt. Neben dem Haus ist eine Waschanlage für das Geschiebe des Leckbaches, der aus der deutlich erkennbaren Leckbachrinne herunterströmt, die sich hinter dem Haus steil zur Leckbachscharte hinaufzieht. Dort oben, 800 m über dem Gasthof, genau an der tektonisch stark beanspruchten Grenze zwischen Granitgneis und Habachformation, liegt das unter Mineralogen weltberühmte Smaragdbergwerk. Auf der seit dem Mittelalter wachsenden Halde kann man immer noch Funde machen (Sammeln und Abbau von Hand sind in diesem Bereich erlaubt, ein offizielles Merkblatt dazu gibt es im Gasthof), auch der Leckbach bringt immer wieder Smaragdstücke hinunter ins Tal.

**Abstecher**
Ein Abstecher zur Kesselkaralm zeigt uns die Leckbachrinne als Panoramabild. Der Steig hinauf zur Alm dauert 2.15 Std. und verlangt etwas mehr bergsteigerisches Können. Er ist als mittelschwer einzustufen, aber den zusätzlichen Aufwand wert.

Wir queren beim Gasthaus auf einem Steg über den Habach und finden jenseits einen Weg, der in den Hochwald hinaufsteigt. Er führt an einer gefassten Quelle vorbei, wird flacher und bietet erste Ausblicke. Ein Tälchen muss gequert werden. Wenn die Lawinenmassen des Winters noch den Weg versperren, heißt es umkehren, aber im Hoch- und Spätsommer ist das normalerweise kein Problem. Über Wiesen geht der Anstieg weiter, ein kurzes flaches Stück mit Traumblick, und wir sind beim Gebäude der **Kesselkaralm.** Mit freiem Auge kann man die Mineraliensucher erkennen, die jenseits des Habachtales auf der Abraumhalde des Smaragdbergwerkes wuseln, ein Fernglas ist hilfreich. Abstieg auf demselben Weg.

Ab dem **Gasthof Alpenrose** geht es auf der Straße zurück. Diesmal müssen wir nicht unbedingt den Weg nehmen, auf dem der erste Teil des Geo-Lehrpfades verlief. Stattdessen bleiben wir auf dem Sträßchen, bis wir den Parkplatz erreichen, wo wir uns nach rechts und zum **Hotel Habachklause** wenden, unserem Ausgangspunkt (3.45 Std.).

## Buchtipp

Christian Uhlir: Geolehrpfad Habachtal; Naturkundlicher Führer zum Nationalpark Hohe Tauern Bd. 12. Innsbruck 1994, zu erhalten beim ÖAV, bei den Nationalpark-Informationen und im Fremdenverkehrsbüro der Gemeinde Bramberg.

Tour 7

# Dreitausender mit links

## Vom Habachtal zur Thüringer Hütte und auf den Larmkogel

Das ist einmal ein Dreitausender, der wirklich für jeden Bergsteiger zu machen ist. Der Larmkogel (3017m) ist technisch leicht, gletscherfrei und ohne besonders ausgesetzte Stellen zu ersteigen, die Aussicht vom Gipfelkreuz sucht ihresgleichen,

### DIE WANDERUNG IN KÜRZE

++ Anspruch

8 Std. Gehzeit

1650 m An-/Abstieg

**Charakter:** Bergtour in hochalpinem Gelände, meist gute alpine Steige, auf dem Noitroisteig und auf dem Larmkogel ist Trittsicherheit notwendig

**Wanderkarten:** ÖK 152 Matrei in Osttirol, F&B 121 Großvenediger Oberpinzgau, Kompass 38 Venedigergruppe Oberpinzgau

**Einkehrmöglichkeiten:** Gasthof Alpenrose, Thüringer Hütte

**Anfahrt:** **Bahn, Bus** bis Haltestelle Habachtal, mit dem **Auto** über Brambach oder Neukirchen am Großvenediger direkt bis Hotel Habachklause, ab dort Fußweg durch das Habachtal (s. Tour 6) oder Tälertaxi zum Gasthof Alpenrose (s.u., 2–3 Fahrten täglich, Voranmeldung nötig)

**Unterkunft:** Gasthof Alpenrose: Tel. 0663/916 80 22 (35 Betten, 30 Lager, Anfang Juli–Ende Sept.); Thüringer Hütte: Tel./Fax 065 66/75 55 (30 Betten, 52 Lager, letzte Juniwoche–Ende Sept.)

**Hinweise:** Wegen der Länge der Tour empfiehlt es sich, im Gasthof Alpenrose oder auf der Thüringer Hütte zu nächtigen.

Der Aufstieg beginnt beim **Gasthof Alpenrose** im Habachtal. Noch ein Stück führt das Sträßchen taleinwärts, bis es bei der **Moaralm** zum schlechten Fuhrweg verkommt. Nach der nächsten Talwindung wird der Fuhrweg zum Weg, der durch die nur in einzelnen Flecken bewachsenen Schutthänge zu den darüber drohenden Felsabstürzen hinaufsteigt. Nach Querung einer Schuttrinne zweigt links der markierte **Noitroisteig** ab (1 Std.), der uns rasch unter die Wände über uns bringt. Dann windet er sich zwischen Steilfelsen und Wasserrinnen aufwärts, nutzt jedes flachere Stück, jede baum- oder strauchbewachsene Mini-Terrasse, gewährt herrliche Ausblicke in Richtung Habachkees, verlangt dabei jedoch stets große Aufmerksamkeit, besonders bei nassem Untergrund. Aber auch Nicht-Schwindelfreie können diesen guten Steig gehen, sie müssen sich nur auf ein paar unangenehme Momente einstellen, an de-

nen ihnen das Herz sekundenlang in die Magengrube rutscht.

Nach dem Ende des Steilstückes geht es recht flach hinüber zur **Thüringer Hütte** (2.30 Std.), die vor dem Hintergrund des gewaltigen Habachkees und der sich darüber aufbauenden Hohen Fürleg (3243 m) auf den Böden einer früheren Ochsenalm errichtet wurde. Terrasse mit Traum-Panorama!

Der Weiterweg beginnt direkt an der Hütte, wo man sich für den linken, hangaufwärts führenden Weg entscheidet, nach ein paar Minuten (bei einem Wegweiser) noch einmal links. Der Hang über uns wird zunehmend steiler, das Panorama üppiger. Unter einem Felsband müssen wir nach rechts ausweichen, um dann wieder steil links hinauf zu steigen – und stehen in der **Larmko-**

*Im Aufstieg zum Larmkogel hat man einen herrlichen Blick auf das Habachkees*

**gelscharte** (4.30 Std.), den Kratzenbergsee und die Fürther Hütte zu Füßen, den vergletscherten Abretter (2979m) gegenüber.

Links hinauf durch Blockschutt zum Gipfel des **Larmkogels** (4.45 Std.) und Rast an dem von der Sektion Fürth errichteten Gipfelkreuz. Das Panorama ist einmalig: denn über Habach-, Villtragen- und Obersulzbachkees ist rechts vom dominierenden Kleinvenediger sogar der Großvenediger zu erkennen! Habachtal und Hollersbachtal liegen zu unseren Füßen, und jenseits der Feuchtebenscharte erkennt man noch die westlichste Kette der Granatspitzgruppe.

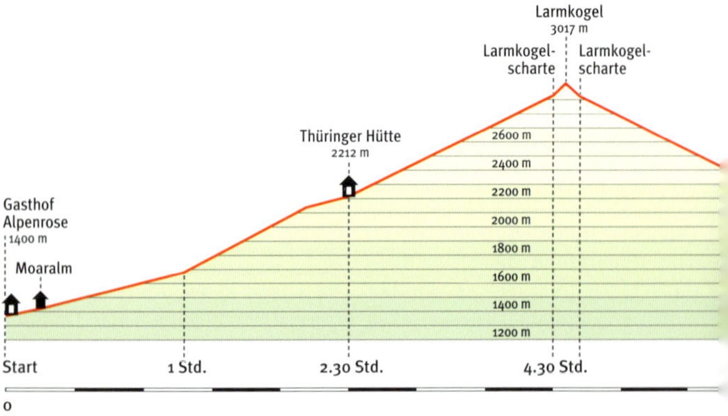

Auch der Abstieg hat es in sich – es geht mehr als 1600 m hinunter, das spüren nicht nur alte Kniegelenke. Der Weg entspricht bis zur **Thüringer Hütte** (6 Std.) dem Aufstiegsweg, dann aber halten wir uns links und wählen bei der ersten Gabelung den in Richtung Talschluss gesehen rechten Weg, der uns zunächst durch die Wiesen der **Großen Weidalm,** dann aber nach einer Wegeinmündung von links in vielen Serpentinen hinunter zur **Keesau** (6.30 Std.) bringt, dem obersten Habachtal. Nun heißt es nur noch immer auf diesem rechts des Habaches verlaufenden Weg bleiben, er führt zurück zum **Gasthof Alpenrose,** unserem Ausgangspunkt (8 Std.).

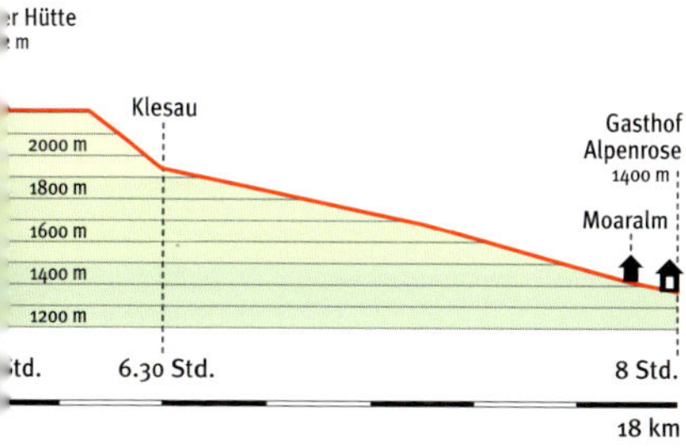

Tour 8

# Almen mit Ausblick

**Vom Hollersbachtal auf Lahneralm, Lachalm und Rossalm**
Ein lauschiger Bachweg stellt den Auftakt dieser Tour dar. Hoch von der Alm herunter sieht man dann weit über das Salzachtal hinüber bis in die Nördlichen Kalkalpen mit dem schroffen Felsmassiv des Wilden Kaisers.

## DIE WANDERUNG IN KÜRZE

**++** Anspruch

**7 Std.** Gehzeit

**1050 m** An-/Abstieg

**Charakter:** Mittelschwere Wanderung auf Forstwegen, Steigen im Waldbereich und auf einem tiefgründigen Almtriebweg, im Abstieg etwas Orientierungsvermögen notwendig

**Wanderkarten:** ÖK 122 Kitzbühel und 152 Matrei, F&B 121 Großvenediger Oberpinzgau, Kompass 38 Venedigergruppe Oberpinzgau

**Einkehrmöglichkeiten:** Kurz nach Beginn im Gasthaus Seestube (5 Min. von der Lahneralm), Senningerbräualm, Jausenstation Mong (kurz vor dem Ende)

**Anfahrt:** Mit **Bahn, Bus** oder **Auto** über Mittersill bis Hollersbach im Oberpinzgau, mit dem Auto auch vom Zillertal über den Gerlospass; **Rückfahrt:** Krimmlerbahn vom Bahnhof Mittersill oder Bus nach Hollersbach (häufige Fahrten bis ca. 19.45 Uhr)

**Unterkunft:** Senningerbräualm: Tel. 06562/8311 (15 Betten, Sommer)

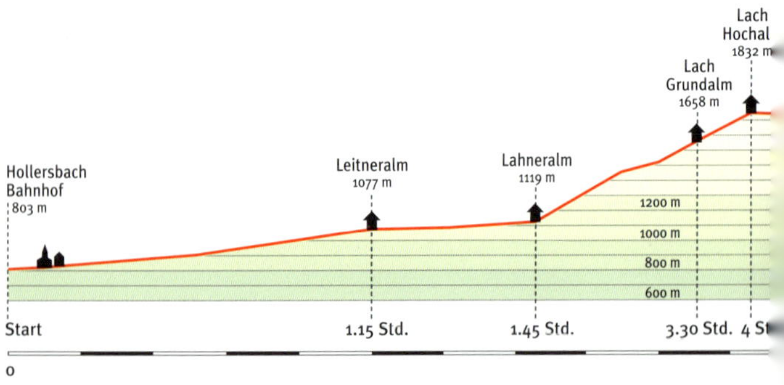

Das Hollersbachtal mündet im Gegensatz zu den meisten anderen Tauerntälern nicht mit einer ausgeprägten Steilstufe ins Salzachtal, wohl aber mit einer deutlichen Talverengung. Der schäumende Hollersbach wird in diesem Teil durch einen wirklich romantischen Wanderweg erschlossen, der stellenweise Steigcharakter hat. Die Nationalparkverantwortlichen haben ihn als Bachlehrpfad angelegt.

Man geht von **Bahnhof Hollersbach** in den Ort (PKW-Fahrer parken an der Zufahrtsstraße zum Bahnhof), hält sich in der Ortsmitte links und nach der Brücke über den Hollersbach rechts. Man bleibt auf dem taleinwärts führenden Sträßchen bis zu einem Parkplatz an einer Straßengabelung. Wir gehen geradeaus (rechts), passieren einen Damm und einen Stausee und erreichen beim **Gasthaus Seestube** das Ende des Asphalts und der allgemeinen Zufahrtmöglichkeit für PKW (30 Min.). Hier schlagen wir den »Wanderweg Hollersbachtal« nach rechts ein.

Dieser Bachlehrweg erläutert auf zehn Tafeln Landschaft und Lebewelt eines Baches. Besonders die Pflanzen, aber auch die Vögel und Steine, die auf den Tafeln erwähnt werden, kann man auch in natura gut beobachten. Nach 10 Min. quert man das Talsträßchen, 20 Min. später zwingt ein kurzes Steilstück über dem Bach zur Vorsicht. Hier erst betritt man die Außenzone des Nationalparks. Endlich steht man auf den Böden der **Leitneralm,** die links oberhalb liegt (1.15 Std.). Zwischen alten Steinmauern geht es etwas später halblinks zur Talstraße.

Nun auf der Straße weiter bis zur nahen **Lahneralm** (1.45 Std.). Hier weist ein Schild samt rot-weiß-roter Markierung nach links auf den »Höhenweg Lachalm«. Hinter den Gebäuden beginnt ein Steig, der nach Regenfällen ziemlich tiefgründig sein kann, weil er auch als Viehtriebweg genutzt wird. Er führt in Serpentinen durch den recht steilen Hang, erreicht eine Almhütte mit Brunnen, quert steil ein kurzes Waldstück und zieht danach flach nach rechts in den Südhang (2.45 Std.) bis zu einem Bächlein, wo sich der Weg im spitzen Winkel nach links und dann in Serpentinen hinauf zu den Böden der **Lachalm** (oder Lach Grundalm) wendet (3.30 Std.) .

Hinter der Lachalm wendet man sich leicht links aufwärts zum Waldrand (zunächst keine Zeichen), quert

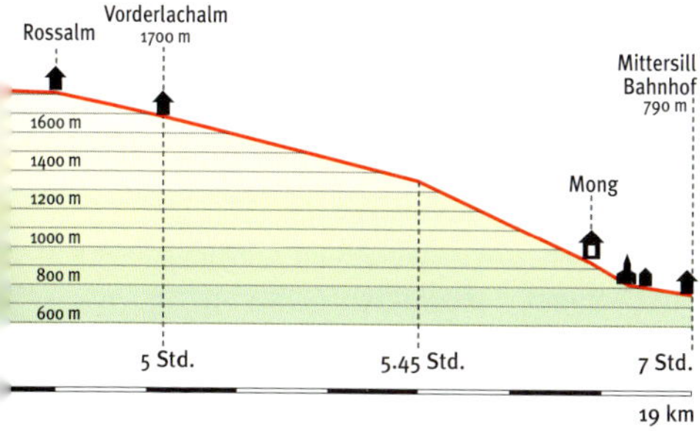

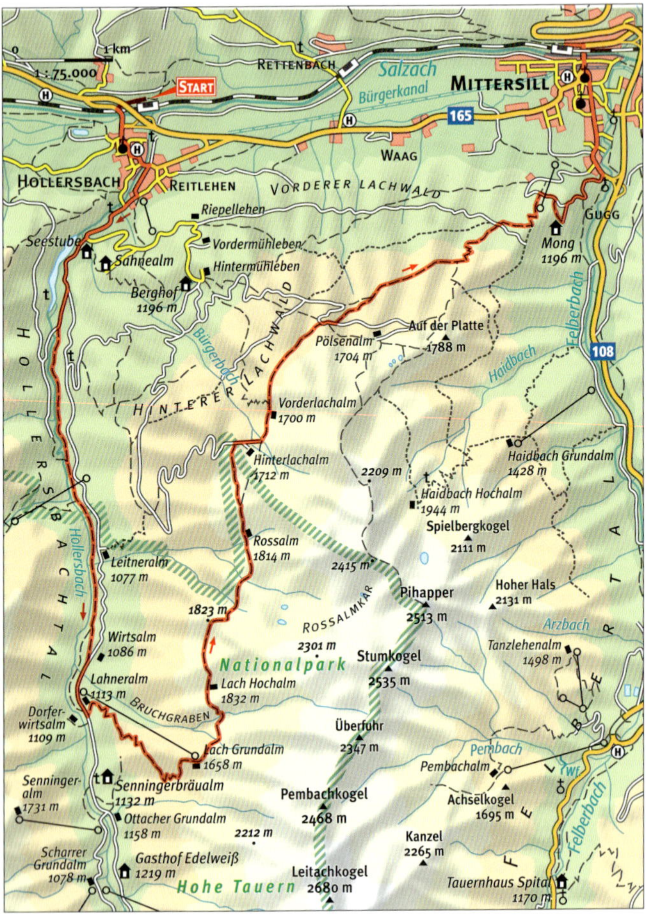


zwei Tälchen und erreicht nach einem kurzen Steilstück (Gatter) die **Lach Hochalm** (4 Std.). Das urige Almgebäude wird nicht mehr regelmäßig bewohnt, ist aber in gutem Zustand, ein Brunnen bringt Erfrischung. Der Blick reicht von hier bis an den Tauernhauptkamm im Bereich der Fürther Hütte und über das Salzachtal hinweg in die Salzburger Schieferalpen.

Der Weiterweg ist ziemlich eben. Links der Hütte beginnt er als Steig und entwickelt sich zur veritablen Aussichtspromenade, denn immer deutlicher erkennt man jenseits der Schieferalpen den eindruckvollen Felsstock des Wilden Kaisers. Ab der **Rossalm** wird der Steig zum Almsträßchen, senkt sich durch ein Waldstück und erreicht in einer Linkskurve eine Gabelung. Hier halten wir uns rechts und stehen unmittelbar darauf vor der **Hinterlachalm.** Durch die Bauten dieser Alm hindurch führt unser Weg, nun wieder ganz flach, zum alten Holzgebäude der **Vorderlachalm** (5 Std.).

Nun heißt es aufmerksam sein, denn es gibt für das folgende Wegstück keine Markierungen und keine Schilder. Man geht zunächst auf dem Almsträßchen weiter, das links an der Vorderlachalm vorbei, noch ein Stückchen weiter und dann einen Hang hinauf zieht. Dort, wo der Hang beginnt, zweigt links ein unscheinbarer Steig durch die Almwiesen ab, der zunächst fast eben verläuft: Dies ist unser Weiterweg. Im nahen Wald wird der Steig etwas deutlicher, es gibt keine Gabelungen, sodass man sich mit etwas Orientierungsvermögen kaum verlaufen kann. Er senkt sich leicht und erreicht nach ca. 20–25 Min. einen querenden Steig, der durch ein Schild gekennzeichnet ist (rechts aufwärts zur Pölsenalm).Wir queren den Weg und stehen kurz darauf auf einer Forststraße, jenseits derer wieder ein Schild (»Mittersill«) unseren Weg anzeigt. Auf der nächsten Forststraße gehen wir kurz nach rechts, bis ein Steig rechts abwärts in ein waldiges Tälchen führt (5.45 Std.).

Der Steig passiert zwei dunkle Lacken in lockerem Fichtenwald, dann wird der Wald dichter. Von rechts oben mündet der stärker frequentierte, rot-weiß-rot markierte Weg auf den Pihapper ein. Wir folgen ihm abwärts, queren nochmals eine Forststraße und gehen drüben sehr steil hinunter. Wir werden auf einen Fuhrweg geführt, dem wir nach rechts folgen und finden ein Schild »Jausenstation Mong«, das uns wieder nach rechts weist und – wenn noch Zeit ist – zu einer Erfrischung. Von der **Jausenstation Mong** geht es auf dem dort beginnenden Fahrweg hinunter nach **Mittersill** (bei zwei Abzweigungen links bleiben; 7 Std.).

Die Busse zurück nach Hollersbach gehen vom Marktplatz ab (etwas links der Straße, die uns in den Ort bringt und nach der großen Kirche), die Krimmler Bahn erreichen wir vom Bahnhof jenseits der Salzach.

## Der Felberturm in Mittersill und das Nationalparkmuseum

In einem frühmittelalterlichen Wehrturm legte die Gemeinde Mittersill um 1480 einen Getreidespeicher an. Auf drei Stockwerken beherbergt das historische Gemäuer heutzutage die wohl bedeutendste Sammlung zum Nationalpark Hohe Tauern. Ganz besonders interessant sind die Mineralien, unweit liegen schließlich Habach- und Untersulzbachtal mit bedeutenden Fundstätten (Smaragd, Epidot!), auch über den Goldbergbau wird man informiert. Auch zum Pinzgauer Brauchtum, zur Jagdtradition, der Weberei und Spinnerei, der Holzbearbeitung und generell zum bäuerlichen Leben gibt es eine Menge Exponate. Um den Turm zeigt ein kleines Freilichtmuseum ein Bauernhaus, eine Mühle und ein paar andere Gebäude samt Backofen.

Felberturm mit Nationalparkmuseum
5730 Mittersill
Museumsstraße
Tel. 0043/06562/4444
**Öffnungszeiten:** Juni–Sept. Mo–Fr 10–17, Sa/So/Fei 13–17 Uhr, im Mai und Okt. nur Sa/So/Fei

Tour 9

# Weißkopfgeier und einsames Moos

**Durchs Hollersbachtal zur Fürther Hütte und ins Vordermoos**
Weißkopfgeier haben in einem Felsen des obersten Hollersbachtales ihren Schlafplatz. Auf dem Rückweg von der Fürther Hütte kann man sich in der Einsamkeit des Vorder- oder gar Hintermooses im hochgelegenen Hüttenbachtal verlieren.

## DIE WANDERUNG IN KÜRZE

+ Anspruch

**6.30 Std.** Gehzeit

**800 m** An-/Abstieg

**Charakter:** Hüttenzustiegsweg auf guten Wegen und Steigen, der Abstecher ins Hüttenbachtal ist weglos aber einfach, wenn auch evtl. an einigen Stellen matschig

**Ausrüstung:** Fernglas für die Beobachtung des Weißkopfgeier-Schlafplatzes in der Steigklamm

**Wanderkarten:** ÖK 152 Matrei in Osttirol, F&B 121 Großvenediger Oberpinzgau, Kompass 38 Venedigergruppe Oberpinzgau

**Einkehrmöglichkeiten:** Gasthof Edelweiß, Fürther Hütte

**Anfahrt:** **Bahn, Bus** oder **Auto** bis Hollersbach im Pinzgau; ab Hollersbach zu Fuß etwa 2 Std. auf angenehmem Talweg oder mit **Tälertaxi** (Tel. 06562/8218) bis zum Gasthof Edelweiß oder zum Parkplatz bei der Talstation der Materialseilbahn auf die Fürther Hütte (dann verkürzt sich die Tour auf 4 Std.)

**Unterkunft:** Gasthof Edelweiß: Tel. 0663/16 80 33 (Anf. Juni–Anf. Okt.); Fürther Hütte: Tel. 06562/83 90 (33 Betten, 44 Lager, Mitte Juni–Mitte Sept.)

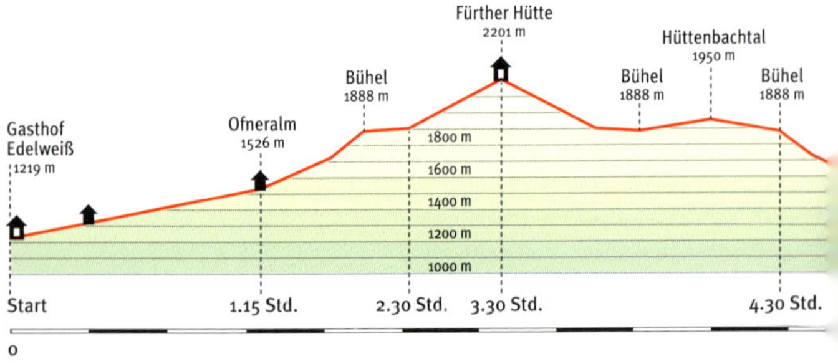

Zwar kann man mit dem Nationalparktaxi bis zum Fuß der Materialbahn der Fürther Hütte zu fahren, es ist aber viel schöner, die Wanderung am **Gasthof Edelweiß** weiter talauswärts zu beginnen. Allein schon, weil man von dort den viel fotografierten Blick auf die andere Talseite bewundern kann, der auf die alten, eng aneinander geschmiegten Holzbauten der Scharrer Grundalm unter einem eindrucksvollen Wasserfall fällt. Das mäßig breite und, wie üblich im Nationalpark, nur befestigte, aber nicht asphaltierte Sträßchen bringt uns weiter taleinwärts, zur nahen **Sauersteinalm,** zur **Schuhbichl**- und **Rossgrubenalm** und schließlich, nach einem Anstieg auf Serpentinen durch Grünerlengebüsch, zu den Böden der Ofneralm mit kleinem See und neuem Almgebäude. Hier sollte man sich umdrehen und die Felsen oberhalb des hier einmündenden steilen Tales, der Steigklamm, absuchen. In den Klammfelsen befinden sich Schlafplätze der Weißkopfgeier, gut erkennbar an dem weißen Kotüberzug, der sich unter ihnen bildet.

Wenig höher liegt die alte Hütte der **Ofneralm** (1.15 Std.), die an einen riesigen Bergsturzfelsen angelehnt ist. Erst ab hier öffnet sich der grandiose Talschluss des Hollersbachtales, der durch die Wasserfälle von

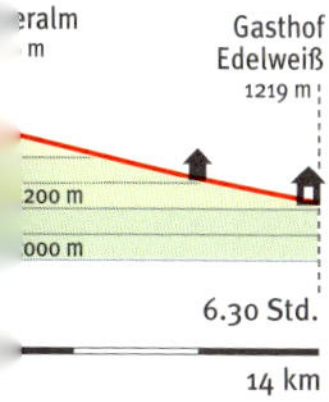


Seebach und Weißeneckerbach geprägt ist. Nur 400 m weiter zweigt links ein Weg von der bald endenden Straße ab (die Masten der Materialseilbahn sieht man hier schon), er führt flott aufwärts, nimmt einen weiteren Steig auf, der vom Parkplatz am Straßenende kommt, und erreicht durch Grünerlengebüsch und auf großen Trittplatten die Wiesen des **Vordermooses.** Wir folgen dem Weg über den Hüttenbach und zu einer Geländestufe (2.30 Std.), wo er wieder steiler wird und streckenweise zum Steinplatten-Treppenweg wird. Nach der Unter-

*Blick hinunter ins Vordermoos*

querung der Materialseilbahn ist die Hütte nicht mehr weit – plötzlich steht sie vor uns, und an den typischen weichen Vokalen und dem rollenden »r« in der Aussprache vieler Besucher hört man, dass es sich um die Hütte einer fränkischen Sektion des Alpenvereins handelt – die **Fürther Hütte** (3.30 Std.). Von der Hütte hat man einen prachtvollen Blick auf den Kratzenbergsee; wenn er nur ein wenig wärmer wäre, könnte man sich mit einem Weißbier hinunter verziehen, und eine Runde schwimmen…

Der Rückweg erfolgt bis zur Brücke über den **Weißeneckerbach** auf der Route des Hinweges, dann aber biegt man nach rechts auf Wegspuren ab, um den herrlichen Boden des Vordermooses mit dem sich windenden, in der Sonne blitzenden Weißeneckerbach zu erkunden. Das Vordermoos (wie auch das höher liegende Hintermoos) ist Standort seltener feuchtigkeitsliebender Pflanzen. Wir empfehlen für die Erkundung die rechte Talseite (nach der Brücke). Am besten geht man bis zu dem kleinen Bühel , der zwischen Brücke und Abstieg ins Hollersbachtal zu überwinden ist (4 Std.), bevor man sich nach rechts wendet.

Die Wegspuren führen uns bis kurz vor die Engstelle des Tales, wo man angesichts des schäumenden Wassers umkehren muss: Zwei sich bei ihrer Mündung in den Weißeneckerbach vereinigende Bäche haben den Weiterweg völlig zerstört.

Zurück zum markierten Weg bis zum Bühel (4.30 Std.) und auf dem Aufstiegsweg abwärts zur Straße, die talauswärts zum **Gasthaus Edelweiß** führt (6.30 Std.) und zur verdienten Ruhe.

# Auf Saumerspuren

**Vom Tauernhaus Spital über den Felbertauern ins Gschlösstal**
Ohne die St. Pöltnerhütte auf dem Felbertauern wäre diese Überschreitung des Alpenhauptkammes ein ernstes Unternehmen. Anstrengend und lang ist sie allemal, aber Wasserfälle, Seen und Großvenedigerblicke machen die Tour so abwechslungsreich, dass man das gar nicht spürt.

## DIE WANDERUNG IN KÜRZE

+++
Anspruch

8.30 Std.
Gehzeit

1450 m
Anstieg

1000 m
Abstieg

**Charakter:** Wegen der Länge und des großen Höhenunterschieds anspruchsvolle, aber technisch unschwierige Tour. Im Frühsommer bei ausgedehnten Altschneefeldern zwischen Plattsee und Felbertauern evtl. mühsam. Vorsicht bei unsicherem Wetter, der Felbertauern ist für raschen Wetterumschlag berüchtigt!

**Wanderkarten:** ÖK 152 Matrei, F&B 121 Großvenediger Oberpinzgau, Kompass 38 Venedigergruppe Oberpinzgau

**Einkehrmöglichkeiten:** Tauernhaus Spital, Wirtshaus Gamsblick, St.Pöltner Hütte, Matreier Tauernhaus

**Anfahrt:** Mit dem **Auto** oder **Postbus** (Kitzbühel–Mittersill–Lienz) zum Hintersee (da der erste Bus erst mittags eintrifft, ist für Busfahrer eine Nächtigung notwendig); **Rückfahrt:** Vom Matreier Tauernhaus bis zur Abzweigung der Stichstraße von der Felbertauernstraße 3,5 km (45 Min.) Fußweg oder Autostopp (großer Parkplatz, sehr gute Chance, mitgenommen zu werden, wenn man andere Bergwanderer anspricht) oder mit dem Taxi (Tel. 0664/ 431 16 85, auch ab Außergschlöss), dann Linienbus zurück zum Hintersee. Der letzte Bus fährt leider schon knapp vor 16 Uhr (So, Fei knapp nach 18 Uhr, Fahrplan Tel. 048 52/ 649 44).

**Unterkunft:** Tauernhaus Spital: Tel. 06569/6240 (Mitte Mai–Anf. Okt.); Wirtshaus Gamsblick (Mitte Mai–Anf. Okt.); St. Pöltner Hütte: Tel. 065 62/6265 (18 Betten, 50 Lager, Ende Juni–Ende Sept.); Matreier Tauernhaus: Tel. 04875/ 8811 (Hotel, ganzjährig geöffnet)

**Hinweise:** Der Anstieg vom Hintersee zum Felbertauern über den Wasserfallweg ist nur für Trittsichere und Schwindelfreie zu empfehlen, bei Nässe unbedingt zu meiden!

Von dem halben Dutzend eisfreier Tauernübergänge sind nur die wenigsten an einem Tag zu schaffen, wenn man abends im Urlaubsquartier zurück sein will. Dank der Felbertauernstraße gehört der Felbertauern dazu ... aber mit einer Nächtigung im uralten und gemütlichen (und mit einem ausgezeichneten Restaurant gesegneten) Tauernhaus Spital ist die Tour noch eine Stufe eindrucksvoller.

Von der großen Kurve am Eingang zum oberen Felbertal (Bus-Bedarfshaltestelle Hintersee) führt ein Sträßchen bis zum **Hintersee.** Man folgt ihm etwa 300 m bis zu einem Hinweisschild »Schösswendklamm«, wo ein Weg nach links abwärts zum Felberbach abzweigt (hier auch Parkmöglichkeiten für die Autofahrer). Der Weg führt in wenigen Minuten in die kurze, aber eindrucksvolle **Schösswendklamm** mit ihren Kolken (Gumpen) und kleinen Wasserfällen. Über einen Steig auf die andere (rechte) Bachseite und rechts bachaufwärts weiter. Nach einem Waldstück quert man wieder auf die andere Bachseite und erreicht die **Schösswendalm.** Der Weg wendet sich sofort nach dem Steg nach links, bleibt in der Nähe des Baches und mündet schließlich an der Brücke über den Felberbach in die Straße, nur einen Steinwurf vom **Tauernhaus Spital** entfernt (1 Std.).

Vom Tauernhaus Spital geht man auf dem Sträßchen taleinwärts, quert den Felberbach und findet knapp vor einem steilen Straßenstück den nach links abgehenden »Naturlehrweg Hintersee«. Er führt wieder über den Bach zurück und folgt ihm etwas oberhalb durch Wald bis zum Parkplatz beim **Hintersee** (1.30 Std.). Ab hier führt die Straße auf Nationalparkgebiet weiter und darf nur noch von Berechtigten benutzt werden. Nur für Wanderer mit guter Kondition empfiehlt sich der kurze Abstecher zum grünen Hintersee, der 1495 durch einen Bergsturz aufgestaut wurde.

Vor der Schranke nach links aufwärts auf eine gesperrte asphaltierte Straße und nach der ersten Bachquerung nach rechts auf einen Steig. Dieser verläuft wie ein Großteil des Weges auf dem alten Felbertauern-Saumweg. Er steigt durch Wald kräftig an, unterquert die Hochspannungsleitung, die über den Felbertauern führt (wir werden sie immer wieder in der Nähe haben) und erreicht eine gefasste Quelle, den **Weinbrunn.**

Weiter kräftig aufwärts in unregelmäßigen Serpentinen, zunächst noch durch Hochwald, dann über Wiesen, Lawinenstriche, durch Grünerlengebüsch und schließlich über Almweiden. Nachdem man die Steinfundamente eines verfallenen Baus passiert hat, erreicht man eine gefasste Quelle mit Trog (2.45 Std.). Die Blumenwelt hier oben ist bereits hochalpin, so blüht z.B. die hübsche, leuchtend weiße Alpen-Küchenschelle.

Ab der Quelle wird die Steigung schwächer und der Ausblick umfassender, denn nach Umrundung eines Rückens kommt der Alpenhauptkamm in Sicht und bald auch der Schleierfall, der in das steile Tal oberhalb des Hintersees hinabstürzt. Am besten betrachtet man das Panorama von der Stelle aus, wo der Weg zur Schrankeckscharte abzweigt (3.30 Std.): Man sieht die Hochmulde des Tauernbaches, das Nassfeld, das wir gleich queren werden, den Schleierfall, oberhalb dessen der versicherte Schleierfallweg verläuft (eine alternative Anstiegs-

route zum Felbertauern für Trittsichere und Schwindelfreie), den grün leuchtenden Hintersee tief unten und vor und über uns die Respekt heischende Seitenkette der Hohen Tauern zwischen Felber- und Hollersbachtal.

Der fast ebene Weg führt flott zum **Nassfeld** mit seinen Bächen und Nasswiesen, ein Steg aus zwei Baumstämmen (mit Geländer) führt auf die andere Seite des Tauernbaches. Jenseits steiler Aufstieg in schrofiges, nach rechts steil abfallendes Gelände. Unter der Hochspannungsleitung durch, von rechts mündet der Schleierfallweg (4 Std.). Weiter hoch in kurzen Serpentinen bis zu einer Verflachung, auf der man nach links auf einen knapp unterhalb liegenden kleinen See blickt. Ab hier ist die Steigung insgesamt mäßiger, nur noch zwei steilere Stellen durchbrechen den nun gleichmäßigen Anstieg bis zum Felbertauern. Bald kommt rechts der **Plattachsee** in Sicht (4.30 Std.), zu dem man einen Abstecher machen kann, dann der Langsee tiefer unten im Kar, und zuletzt noch der Tauernsee – aber da sind wir fast schon bei der St.Pöltnerhütte angelangt, die wir schon längere Zeit immer wieder mal gesehen hatten.

An der **St.Pöltner Hütte** auf dem Felbertauern (5.30 Std.) würde man gerne eine längere Pause machen, aber für uns Tauernüberschreiter wird es wohl nur eine kurze Jausenrast werden – die Zeit ist knapp. Die Hütte gehört der Sektion St. Pölten des Österreichischen Alpenvereins. St. Pölten ist die jüngste Hauptstadt eines österreichischen Bundeslandes (Niederösterreich), erst 1986 übernahm es diese Funktion von Wien. Die Hütte wird mit alternativen Energien betrieben, ein krasser Gegensatz zur unweit verlaufenden Hochspannungsleitung. Vor der Hütte flattern »Windbilder«, in den Wind gehängte bunte Tücher, die ein wenig an tibetanische Gebetsfahnen erinnern. Gegenentwurf zum ebenso symbolhaften Massen-Energieverbrauch der Hochspannungsleitung? Sicher denk-werte Zeichen für die Besinnung auf Alternativen zur Energie-Konsum-Umweltzerstörungsspirale.

Der Weg hinunter ins Gschlösstal beginnt unmittelbar vor der Hüttenterrasse in genau südlicher Richtung. Nach nicht einmal hundert

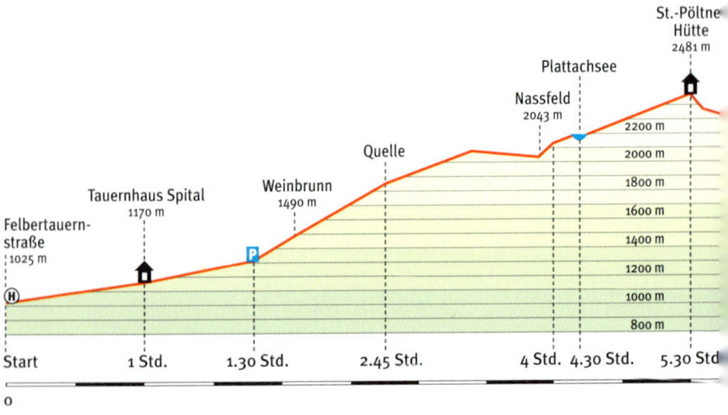

Höhenmetern Abstieg gabelt er sich: Nach rechts geht es auf dem St.Pöltner Westweg weiter, wir aber halten uns an den links in das oberste Tal des Tauernbaches führenden Steig. Er führt rasch ins Tal hinunter, wobei er eine in Kurven angelegte Trasse mehrmals kreuzt. Man geht auf der linken Talseite weiter, ein Schild bezeichnet, dass wir richtig gegangen sind (»300 m Brücke«).

Die Brücke entpuppt sich als Holzsteg über den Ansatz der **Klamm des Tauernbaches** (6.45 Std.). Aufpassen, der Weg führt kurzfristig knapp am Rand der Klamm entlang, wobei man sehr schön das auf der anderen Seite stehende hölzerne »Zirmkreuz« (Zirbenkreuz) sieht. Vorsicht beim Weitergehen: die Panoramablicke auf den Großvenediger mit dem Schlatenkees können ganz schön ablenken. Man quert auf steinigem Weg in steile Almwiesen, erste Lärchen und Fichten tauchen auf, auch einige wenige Zirben. Unter uns erscheinen jetzt die Hütten von **Außergschlöss**, bald ist man unten (7.45 Std., die frühere Jausenstation war 2001 geschlossen und wird es wohl auch bleiben). Ab hier auf dem Sträßchen talauswärts bis zum **Matreier Tauernhaus** (8.30 Std.) und dann wie im Eingangsteil beschrieben zurück zum Ausgangspunkt. (Zur Bushaltestelle an der Felbertauernstraße ist man zu Fuß noch ca. 40 Min. unterwegs.)

## Tauernhaus Spital

Das Tauernhaus Spital ist ein traditionsreicher Bau, dessen Vorgänger bereits im 13. Jh. errichtet wurde, eine von mehreren Maßnahmen der Salzburger Erzbischöfe zur Erhöhung der Sicherheit der wirtschaftlich wichtigen Alpenübergänge. Für die Saumer, die Männer, die mit ihren Tieren Waren über die Tauernübergänge transportierten, stellten die Tauernhäuser eine bedeutende Verbesserung ihrer Arbeit dar, hatten sie doch früher vor und nach der anstrengenden Gebirgsquerung in Notunterkünften nächtigen müssen. Das Haus ist bereits 1323 urkundlich erwähnt, der schöne Bau stammt wohl aus dem 17. Jh.

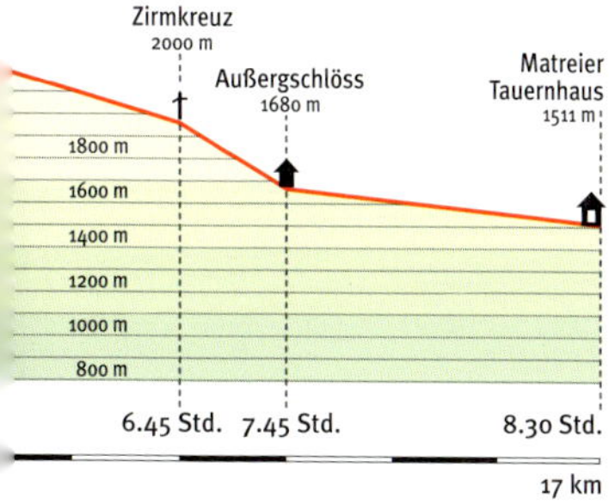

# Zirbenwald und Stauseeblicke

## Vom Enzingerboden zur Rudolfshütte

Der alte Saumweg führt vom Fichten- über Lärchen- und Zirbenwald in die Latschenzone und auf die hochalpinen Strauchheiden um den Weißsee. Vom Hinteren Schafbichl ist der Rundblick phänomenal, er wird vom Ödenwinkelkar mit seiner Handvoll Dreitausender dominiert.

### DIE WANDERUNG IN KÜRZE

**+** Anspruch

**5.30 Std.** Gehzeit

**900 m** An-/Abstieg

**Charakter:** Bergwanderung auf zumeist guten, manchmal etwas steinigen Wegen und Steigen, im Anstieg auf dem alten Saumerweg zum Kalsertauern. Der letzte Teil des Abstiegs auf einer schotterigen Fahrstraße ist etwas unangenehm zu gehen.

**Wanderkarten:** ÖK 153 Großglockner, FB 122 Großglockner Kaprun Zell am See, KK 39 Glocknergruppe NP Hohe Tauern

**Einkehrmöglichkeiten:** Alpinzentrum Rudolfshütte, Gaststätten am Enzingerboden

**Anfahrt:** Mit **Bus** oder **Bahn** bis Uttendorf im Salzachtal, ab dort Bus bis Enzingerboden, Talstation Der Seilbahn zum Tauernmoossee sowie Talstation Weißseebahn. Achtung: Der letzte Bus verlässt Enzingerboden bereits um 16.20 Uhr. Mit dem **Auto:** Bei Uttendorf abbiegen zum Enzingerboden

**Unterkunft:** Alpinzentrum Rudolfshütte: Tel. 06563/ 82 21, Fax 06563/ 82 21 59 (Ende Juni – Anf. Okt.)

**Weißseebahn:** Die Seilbahn zum Weißsee soll ab Sommer 2002 den Betrieb wieder aufnehmen.

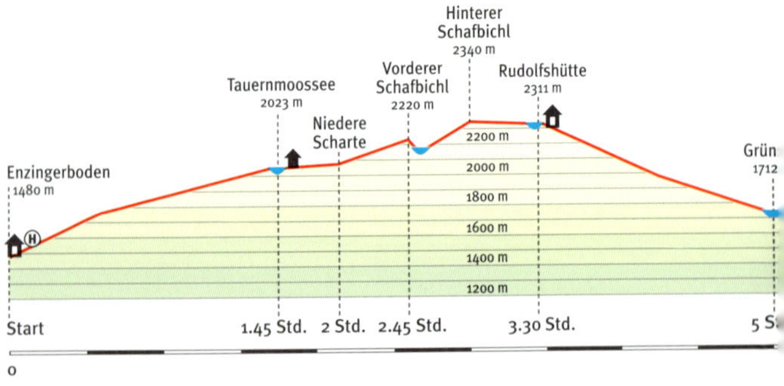

Den Trubel am **Enzingerboden** mit seinen nur zum nächsten Gasthof spazierenden Tagesgästen hat man bald hinter sich. Nach 5 Min. ist man im dichten Wald, der – das kommt als Zuckerl dazu – je höher man kommt, desto mehr von Zirben dominiert wird. Wenn im Juli die jungen Zapfen da sind, ist der Weg an manchen Stellen von den vom Tannenhäher abgenagten Zirbenzapfen übersät. Man kann sie kaum mit den trocken-holzigen Zapfen der Lärche verwechseln, denn ihre Außenseite ist rot-blau bis auberginenfarben.

Am Enzingerboden wendet man sich zur Talstation des Lifts zum Mooserboden, er liegt auf der linken Seite des Talschlusses (beim Weißseelift auf der rechten Seite kommen wir wieder herunter). Wir folgen einem Weg, der nahe dem Tauernmoosbach beginnt (Schilder) und in großzügigen Serpentinen nicht zu steil in den bewaldeten Hang hinauf führt. Es handelt sich um den alten Saumweg zum Kalsertauern und hinüber nach Tirol, er ist an manchen Stellen noch sehr gut, in der Trassierung nahezu vollständig erhalten.

An einer spitzen Rechtskurve knapp vor einem Bach (50 Min.) sind wir schon mitten im Zirben- und Lärchenwald, der sich mit zunehmender Höhe immer mehr auslichtet und mit immer größeren Exemplaren prunkt. Bald gesellt sich die Latsche (Legföhre) dazu. Wir unterqueren die Seilbahn, unter uns lockte eine Quelle in der grünen Wiese, an deren unterem Ende eine Hütte steht.

Bald darauf wird das Gelände flacher, die Latschen dominieren jetzt, aber sie werden von riesigen, uralten Zirben überragt. Die Granatspitzgruppe kommt allmählich heraus, man sieht das Sonnblickkees mit Stubacher Sonnblick und Granatspitze. Eine große Linkskurve führt uns ziemlich flach durch das Blockschuttgelände eines alten Bergsturzes zu einem kleinen Joch und schließlich zum Ausblick auf die Staumauer und den Stausee Tauernmoossee. Kurzer Abstieg zur **Mittelstation** der Seilbahn (1.45 Std.), wo wir auf eine Staubstraße treffen. Wir folgen ihr nach rechts in die **Niedere Scharte**, wo wir sie vor dem abrupt aufragenden Schafbichl nach rechts verlassen (Schilder, 2 Std.).

Der folgende Steig auf den **Vorderen Schafbichl** (2.45 Std.), hinunter zur Schafbichlscharte mit ihrem kleinen Jochseelein und wieder hinauf zum Hinteren Schafbichl ist der anspruchsvollste Teil der Wanderung. Die Steinplatten, aus denen der Weg streckenweise errichtet wurde, verlangen Konzentration, wenn auch keine klettertechnischen Fertigkeiten, dennoch: Vorsicht! Auf dem **Hinteren Schafbichl** (3.20 Std.) hat man das vollständigste Panorama der Tour vor Augen: Granatspitzgruppe mit Hoher Fürleg, Stubacher Sonnblick und Granatspitze, Glocknergruppe mit den Gipfeln über dem Ödenwinkel, aus dem sich das stark rückgängige Ödenwinkelkees ergießt, hinter dem Eiskögele (3426 m) müssen wir uns den höchsten Berg Österreichs vorstellen, den Großglockner.

In wenigen Minuten hinunter zur **Rudolfshütte** (3.30 Std.), wo wir uns eine Rast gönnen dürfen. Die Hütte wirkt wie ein US-Motel der 70er Jahre. Die Erbauer konnten sich nicht zwischen Hotel und traditioneller Berghütte entscheiden und schufen einen unattraktiven Zwitter mit Verbindungsgängen, die das ganze Jahr über mit Kunstlicht beleuchtet werden müssen.

Der Abstieg führt gar nicht erst zum Weißsee, sondern vom Hütteneingang nach rechts um die Hütte herum und oberhalb von See und Staumauer nach Norden ins **Weißenbachtal** hinunter. Um einen Rücken herum wird man in ein grünes Kar geführt, das unvermittelt mit einer Felswand abbricht (Sicherungszäune). Man geht nach rechts und unter der Felswand vorbei in den nächst tieferen Talboden. Es wird flacher (4.30 Std.), mehrere Feuchtstellen müssen gequert werden. Bei einer Bank kennzeichnet ein Schild den Beginn des Verbindungsweges hinauf zur Niederen Scharte, wir aber gehen auf dem Hauptweg weiter. Noch ein etwas steileres Stück und wir stehen an dem seinem Namen gerecht werdenden **Grünsee** (5 Std.).

Die Weißseebahn hat hier ihre Mittelstation (Gasthaus Grünsee nur bei Bahnbetrieb, derzeit geschlossen), wir haben sie links liegen lassen.

Eine Staubstraße führt etwas oberhalb des Grünsees (wie die anderen Seen kein Badesee!) zu dessen Ausfluss und zur steilen Stufe oberhalb dem Enzingerboden. Hier verwandelt sich die Straße zum breiten Bohlenweg, bevor sie in Kurven steil hinunter führt. Sie ist leider wegen des Lockermaterials unangenehm zu gehen, sodass man froh ist, wenn man wieder den **Enzingerboden** erreicht hat, den Ausgangspunkt der Tour (5.30 Std.).

*Die Rudolfshütte über dem Weißsee, Blick Richtung Kalsertauern*

Tour 12

# Versicherte Gletscherwege

## Wege um die Rudolfshütte

Zwei anspruchsvolle Rundwege für Trittsichere und Schwindelfreie, die bis an den Rand von Stubacher Sonnblickees und Ödenwinkelkees führen – wer nicht schwindelfrei ist, hat Alternativen.

### DIE WANDERUNG IN KÜRZE

+++ Anspruch

5 Std. Gehzeit

550 m An-/Abstieg

**Charakter:** Anspruchsvolle Bergtour auf gesicherten Steigen (Leitern, Drahtseile) im hochalpinen Bereich, Trittsicherheit und Schwindelfreiheit erforderlich, etwas längerer Alternativweg möglich.

**Markierung:** Zusätzlich zu den üblichen roten Zeichen blaue Markierung, Schilder.

**Ausrüstung:** Unbedingt mitnehmen: Anorak, Mütze, möglichst Überhose, warmen Pullover

**Wanderkarten:** ÖK 153 Großglockner, FB 122 Großglockner Kaprun Zell am See, KK 39 Glocknergruppe NP Hohe Tauern

**Einkehrmöglichkeiten:** Alpinzentrum Rudolfshütte, Gaststätten am Enzingerboden

**Anfahrt:** Mit **Bus** oder **Bahn** bis Uttendorf im Salzachtal, ab dort Bus bis Enzingerboden. Achtung: Der letzte Bus verlässt Enzingerboden bereits um 16.20 Uhr. Mit dem **Auto:** Bei Uttendorf abbiegen zum Enzingerboden. Aufstieg zur Rudolfshütte s. Tour 11 (ca. 3.30 Std.)

**Unterkunft:** Alpinzentrum Rudolfshütte: Tel. 06563/82 21, Fax -82 21 59 (Ende Juni – Anf. Okt.)

**Weißseebahn:** Die Seilbahn zum Weißsee soll ab Sommer 2002 den Betrieb wieder aufnehmen.

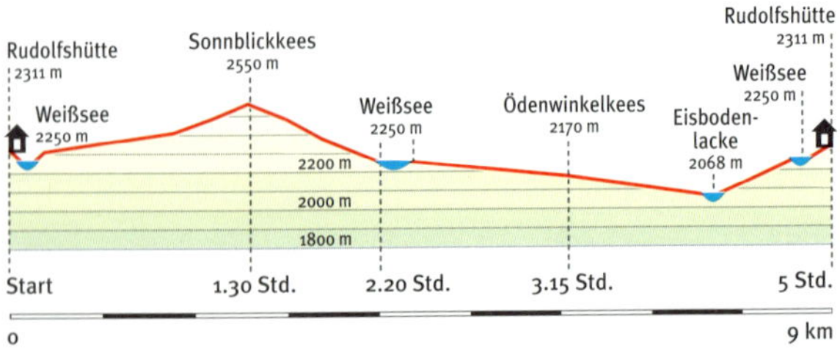

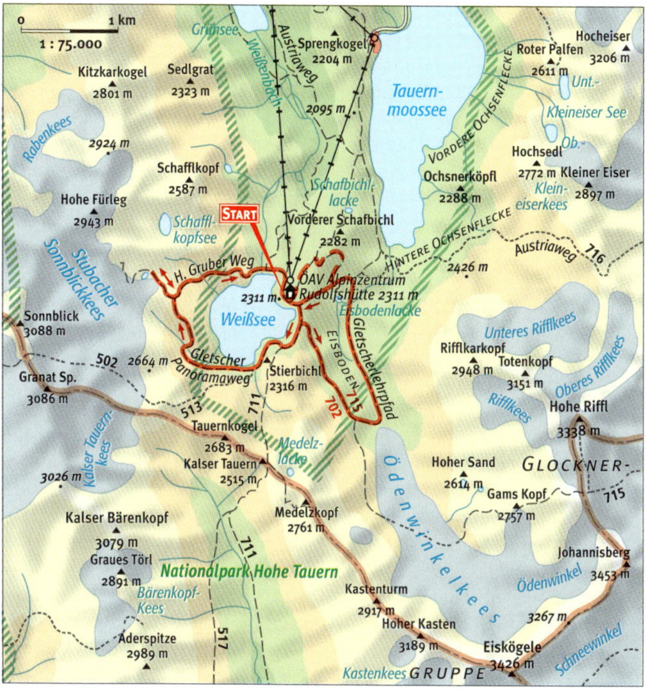


Von der **Rudolfshütte** geht man hinunter zum **Weißsee,** an dessen Ostseite ein Steg über den dortigen Einschnitt leitet. Weiter im Uhrzeigersinn um den See, aber nicht auf den Trampelpfaden, die direkt am Ufer verlaufen, sondern etwas höher auf dem (gut in Blau) markierten Weg. Nach wenigen Minuten zweigt nach links der Weg über den Kalser Tauern ab, wir bleiben auf dem Rundweg um den See. Er erreicht ein mit Schutt und bis in den Hochsommer auch mit Altschnee gefülltes Kar, wo er etwas steigt und vom See weg zu einer Steilstufe unter dem Gletscher hin zielt (40 Min.). Hier geht es nach rechts in einer Bachrinne aufwärts. (Achtung im Sommer, wenn noch Altschnee liegt: Auch wenn Vorgeher ihre Spuren unmittelbar über dem unter dem Schnee vermuteten Bachlauf hinterlassen haben, ist es wesentlich sicherer, seine eigene Spur möglichst nah am Rand der Rinne zu treten!) Bei einem **Steg** (1 Std.) hat man eine Verflachung erreicht, links oben sieht man nun gut das Sonnblickkees. Das Wasser ist hier ganz milchig, im flachen Bachbereich sieht man deutlich die Ablagerungen von Gletschersilt. (Silt nennt man das feine Gesteinsmaterial, das durch die schleifende Gletschertätigkeit entsteht. Silt ist meist hell sandfarben, sind viele Glimmerplättchen eingemischt, funkelt er in der richtigen Beleuchtung.)

Weiter über vom Gletscher geschliffenen Fels bis zu einer Gabelung, dort nach links weiter bis zur **Gletscherzunge** mit Gletschersee

(1.30 Std.). Die exakte Position ist natürlich vom jeweiligen Jahresstand abhängig (derzeit mindestens 2550 m, der See auf 2536 m). Man hat hier einen guten Blick auf den Gletscher, betreten dürfen ihn nur entsprechend ausgerüstete Bergsteiger. Zurück zur Gabelung, nun nach links auf den »Hans Gruber Weg«.

**Variante**
Für den Weiterweg sollte man schwindelfrei und trittsicher sein und gesicherte, aber ausgesetzte Stellen nicht scheuen – technisch ist der Weg unschwierig. Wer sich das nicht zutraut, geht auf dem Hinweg zurück zum Weißsee!

Auf dem Hans Gruber Weg stößt man nach einer Viertelstunde auf den Steilabfall zum Weißsee. Leitern und Drahtseile leiten durch den ausgesetzten Hang, jeder Meter ist gesichert, es gibt keine Kletterstelle. Dennoch atmen die meisten Begeher befreit auf, wenn sie unten am See angelangt sind. Den **Staudamm**, der nun folgt (2.20 Std.) sollte man übrigens – wie jeden Staudamm – bei Gewitter unter keinen Umständen betreten, das ist lebensgefährlich!

Entlang dem Seeufer gehen wir zu dem betonierten **Steg unterhalb der Rudolfshütte** (2.30 Std.) und über ihn hinweg, dann aber bei der Weggabelung nach links. Immer mit Blick auf den Ödenwinkel und den Gletscher wandert man durch einen steilen Grashang in Richtung Ödenwinkelkees, den man wegen der großen Schuttmassen, die sich beim Abschmelzen über ihn gelegt haben, stellenweise kaum erkennen kann. Die sich rapide zurückziehende Gletscherzunge erreicht man derzeit nach ca. 45 Min. (3.15 Std.).

Der Weg wendet sich nun talauswärts durch das Moränengelände im Vorfeld des Gletschers, passiert die nicht mit dem Gletscherbach in Verbindung stehende und daher klare, dunkle **Eisbodenlacke** und steigt auf dem Hang an, der zum Schafbichl führt, also links. Bei der folgenden Gabelung gehen Trittsichere und Schwindelfreie weiter über die versicherte »**Stiege«,** die zum Weißsee führt (1 Metallleiter, durchgehende Versicherung, technisch unschwierig). Wer sich das nicht zutraut, nimmt die nach rechts führende Umgehung über den Hinteren Schafbichl. Beide Wege führen zur **Rudolfshütte** (5 Std.).

## Stubacher Sonnblickkees

Das Stubacher Sonnblickkees über dem Weißsee ist eines der wissenschaftlich am besten bekannten Gletschergebiete weltweit. Österreichische Geographen bzw. Glaziologen, vor allem Heinz Slupetzky, beschäftigen sich seit Jahrzehnten mit dem rasch zurückweichenden Gletscher. Der obere unserer beiden Rundwege führt bis an den aktuellen Gletscherrand samt Zungensee, das ist natürlich von Jahr zu Jahr verschieden. Auch von unterhalb des Gletschers sind viele Phänomene zu beobachten: Gletscherspalten, das Gletschertor, Seracs (Spitzen und Türme im zerrissenen Gletscherbruch), Gletscherschliff auf den vorgelagerten Felsen, das abgeschliffene grau-weißliche Gesteinsmehl (Silt), das sich an flacheren Stellen der aus dem Gletscher tretenden Gewässer sammelt. Der flache Gletscherrand ist typisch für Rückzugsphasen.

# Über den Zwei-Christus-Tauern

**Von der Rudolfshütte über den Kalser Tauern zum Kalser Tauernhaus**

Die Überschreitung des Kalser Tauern ist ein großes Unternehmen, markiert von Ausblicken auf die umgebenden Dreitausender. Der Pass zwischen Granatspitz- und Glocknergruppe liegt immerhin auf 2515 m!

## DIE WANDERUNG IN KÜRZE

++ Anspruch

7 Std. Gehzeit

1000 m An-/Abstieg

**Charakter:** Mittelschwere Wanderung auf alpinen Steigen, im Bergsturzgebiet beim Dorfer See verläuft der Steig über Gesteinstrümmer, Vorsicht ist angebracht!

**Wanderkarten:** ÖK 153 Großglockner, F&B 181 Kals Heiligenblut Matrei oder 122 Großglockner Kaprun Zell am See, Kompass 39 Glocknergruppe NP Hohe Tauern

**Einkehrmöglichkeiten:** Rudolfshütte, Kalser Tauernhaus

**Anfahrt:** Mit **Bus, Bahn** oder **Auto** über Zell am See nach Uttendorf, mit Auto oder Bus auch über den Gerlospass und Mittersill; mit Bus zum Enzingerboden, Aufstieg zur Rudolfshütte mit der Weißseebahn oder zu Fuß (ca. 3.30 Std., s. Tour 11)

**Unterkunft:** Alpinzentrum Rudolfshütte: Tel. 06563/ 8221, Fax -822159, 200 Betten (50 Lager, Ende Juni – Anf. Okt.); Kalser Tauernhaus; Tel. 0663/85 70 90 (20 Betten, 28 Lager, Anf. Juni – Mitte Okt.)

**Weißseebahn:** Die Seilbahn zum Weißsee soll ab Sommer 2002 den Betrieb wieder aufnehmen.

Von der **Rudolfshütte** geht man hinunter zum **Weißsee,** an dessen Ostseite ein Steg über den dortigen Einschnitt leitet. Weiter im Uhrzeigersinn um den See, aber nicht auf den Trampelpfaden, die direkt am Ufer verlaufen, sondern etwas höher auf dem gut in Blau markierten Weg. Nach wenigen Minuten zweigt nach links der Weg über den Kalser Tauern ab, der nunmehr rot-weiß markiert ist. Der Steig führt in ein zum Weißsee führendes Tal hinein, den zugehörigen Bach quert man auf halbem Weg zum Kalser Tauern. Bei einer Gabelung (Schilder) gleich darauf gehen wir nach links aufwärts weiter. Der Schnee hält sich hier und bis hinauf zum Kalser Tauern manchmal bis in den Spätsommer hinein. Über nur noch sanft geneigte alpine Matten erreichen wir den **Kalser Tauern** (1 Std.). Oben auf dem Sattel steht ein Kreuz, von dem zwei Chris-

*Gut beschildert: Die Abzweigung des Silesiaweges*

tusfiguren herunterschauen, die eine nach Norden, die andere nach Süden. So kann sich der davon ausgehende Segen wohl besser in beide Richtungen entfalten.

Vom Kalser Tauern geht es zunächst relativ flach und meist über Altschneereste zu einem Felskopf, dann aber links von diesem in Serpentinen steiler hinunter in das oberste Kar des Dorfer Tales. Eindrucksvoll ist der Anblick der Granatspitze auf der gegenüber liegenden Talseite, das Granatspitzkees allerdings hat schon bessere Zeiten gesehen. Wenn man fast den Boden des Kars erreicht hat, biegt der Steig nach links ab und bleibt im Talhang, er vermeidet die meist lange in den Sommer dauernden Altschneefelder im Kar. (Der hier abzweigende Silesiaweg, der den Karboden quert und talauswärts über die steilen Wände auf Verebnungen führt und übrigens deutlich zu sehen ist, quert diese Altschneefelder.)

Der See, den wir schon von oben gesehen haben, rückt näher, endlich erreicht man das Felstrümmergebiet, in dem er liegt. Der **Dorfer See** (2.45 Std.) ist auf der Süd- und Ostseite von riesigen Felsbrocken gesäumt, einige liegen wie monumentale Picknicktische am und im Was-

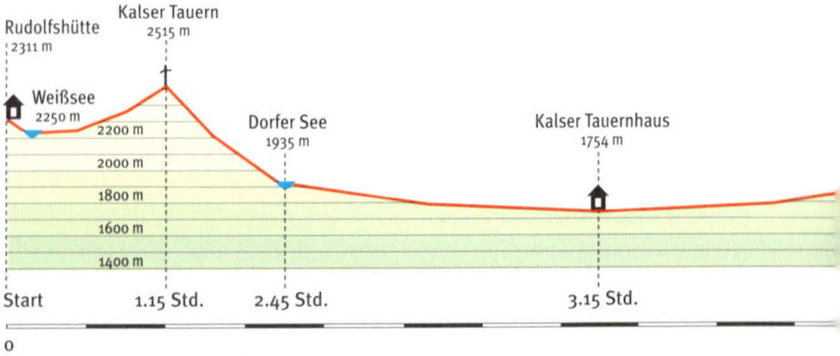

ser. Oft treiben bis in den Juli die Reste der von links aus den Seewänden herunterstürzenden Lawinen im See, der smaragdenen Farbe dieses Gewässers können sie nichts anhaben.

Vom Dorfer See führt der Weiterweg bei Normalwasserstand über einen in die Abflussmulde gelegten Steg – der eigentliche Abfluss ist unterirdisch – , bei Hochstand, also meist im Frühsommer während der Schneeschmelze, muss man nach rechts auf einen ebenfalls markierten Weg über größere Felstrümmer ausweichen.

Mit zwei Absätzen senkt sich der Steig durch das felsige, von einigen Zirben bestandene Bergsturzgelände unterhalb des Sees. Durch Lärchenbestände erreicht man den fast ebenen Almgrund, ein Fahrweg führt zum **Kalser Tauernhaus** (3.15 Std.), wo man uns gerne bewirtet und auch für die Nacht aufnimmt (schöne Zimmer!). Der ehrwürdig wirkende Steinbau geht, wie auch die anderen Tauernhäuser, auf mittelalterliche Vorgänger zurück, die alle für die Säumer über die Tauern errichtet wurden. Das heutige Gebäude ist jedoch erst eine Gründung der Kalser Bergführer von 1928–1930.

Der Rückweg erfolgt auf dem uns bereits bekannten Weg. Nimmt man

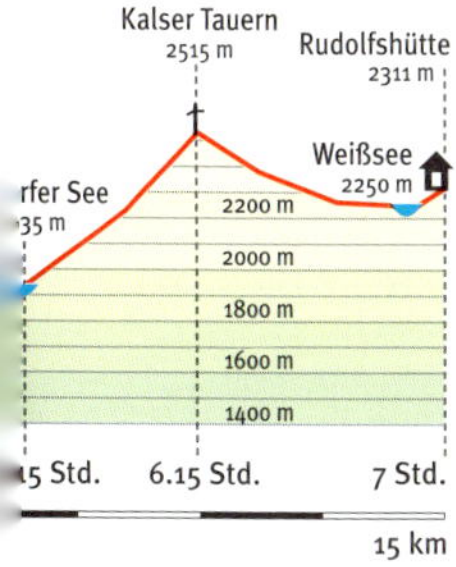


sich die Tour als Tagestour vor, ist im Frühsommer zu bedenken, dass die Altschneefelder am Kalser Tauern und hinunter zum Weißsee am Nachmittag stark aufgeweicht sein können, was das Gehen sehr mühsam macht. Eine Nächtigung im Kalser Tauernhaus ist dem allemal vorzuziehen. Bis zum **Dorfer See** ist man in einer Stunde (4.15 Std.), beim Beginn des steileren Anstieg unter dem **»Erdigen Egg«** (5.30 Std.) kommt vielleicht die Sonne über die Grate der Glocknergruppe heraus. Kurze Rast auf dem **Kalser Tauern** (6.15 Std.) und hinunter zur **Rudolfshütte** und zum Ausgangspunkt (7 Std.).

Tour 14

# Wasserfälle en gros

## Von Hinterbichl über die Umbalfälle zum Umbalkees

Die Umbalfälle sollten einmal, es ist kaum zu glauben, einem Kraftwerk weichen. Der Nationalpark hat dieses Stück Naturwunder auf alle Zeiten geschützt. Der Weiterweg führt durch unberührte Berglandschaft bis zur Stirn des Umbalkeeses.

### DIE WANDERUNG IN KÜRZE

**+++** Anspruch

**8 Std.** Gehzeit

**1300 m** An-/Abstieg

**Charakter:** Bis zur Clarahütte alpine Wege und Steige, ab da hochalpiner Steig. Diesen Teil sollte man keinesfalls früh in der Saison gehen, Lawinengefahr! Für die letzte steile Stufe vor dem Gletschersee Trittsicherheit und Schwindelfreiheit erforderlich.

**Wanderkarten:** ÖK 151 Krimml, F&B 123 Matrei Defereggen Virgental, Kompass 38 Venedigergruppe Oberpinzgau

**Einkehrmöglichkeiten:** Gasthof Islitzeralm (Anf. Mai–Ende Okt.), Gasthof Pebellalm, Clarahütte

**Anfahrt:** Mit **Bus** oder **Auto** ab Matrei nach Ströden

**Unterkunft:** Gasthof Pebellalm: Tel. 0663/05 54 66 (Mitte Mai – Mitte Okt.); Clarahütte: Tel. 0663/975 88 93 (20 Betten, 5 Lager, Anf. Juli – Ende Sept.)

**Hinweis:** Die Wasserfälle im Umbaltal sind im Juli am eindrucksvollsten.

Die Isel ist ein Gletscherfluss, ihr Ablauf schwankt enorm. Im Winter ist sie ein schwacher Bach, im Hochsommer mit seinen Schmelzwassermassen wird sie zum Strom. Zwischen dem Umbaltal im Oberlauf und

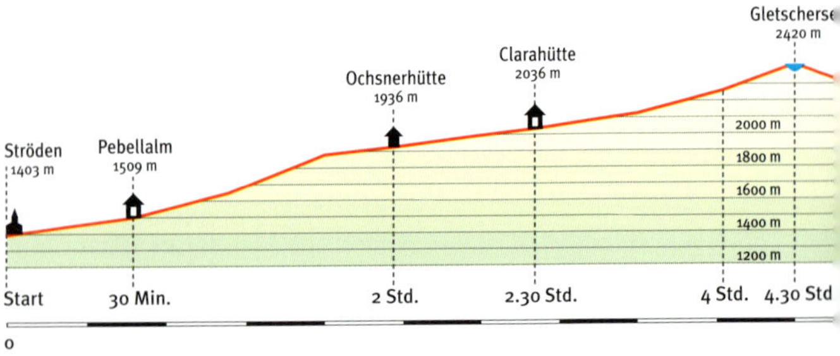

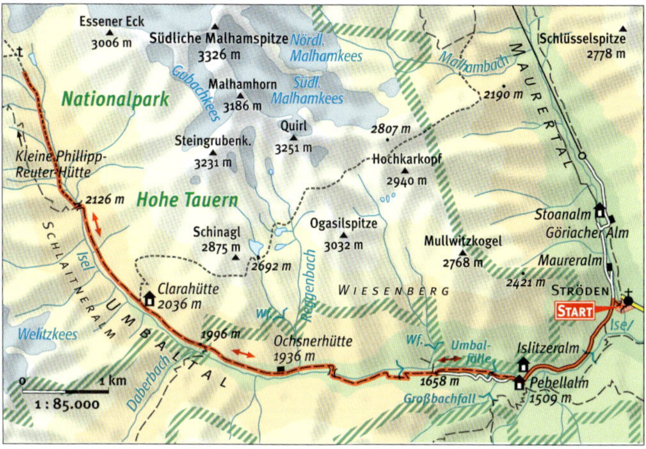


dem Virgental muss sie sich durch zwei Engstellen quälen, was sie recht spektakulär tut, mit zwei Folgen von Stromschnellen und, besonders im unteren Bereich, über eine regelrechte Treppe von Wasserfällen. Dieser untere Bereich, die Umbalfälle, wird durch einen eng daran gebauten Steig erschlossen, den Wasserfallweg. Wer mehr Zeit für das Genießen der Fälle haben will, geht nur bis zur Clarahütte, mit 5 Stunden Gehzeit ist das eine Halbtagestour. Aber nicht jammern, wenn andere von der Fortsetzung zum Gletscherseelein und den Blicken auf das Umbalkees schwärmen!

An der Busendhaltestelle in **Ströden-Hinterbichl** beginnt unsere Wanderung. Wir nehmen die weiter ins Tal hineinführende Straße, wenden uns also bei der Gabelung nach der Brücke über den Maurerbach nach links. Hier haben wir ab und an Konkurrenz von Pferdewagen, die besonders gehfaule Zeitgenossen zum Kaffeetrinken zur Pebell- und Islitzer Alm fahren. Die Islitzer Alm liegt auf der anderen Bachseite, die **Pebellalm** passieren wir nach einer halben Stunde – da brauchten wir vielleicht noch keine Stärkung.

Von der Pebellalm führen eine Almerschließungsstraße und der

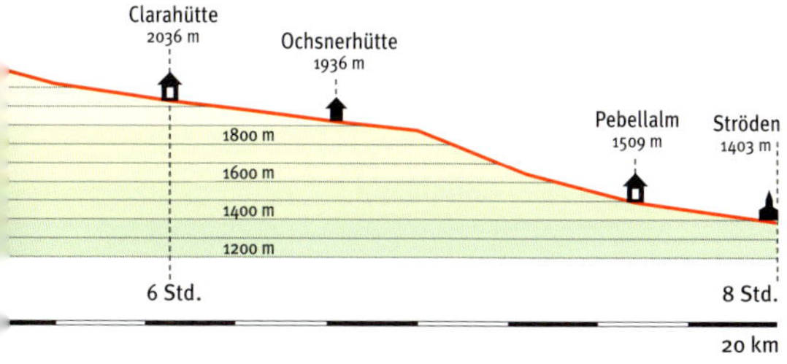

Wasserschaupfad iselaufwärts, wir wählen letzteren. Um ihn zu erreichen, müssen wir zunächst 2 Min. auf der Straße gehen und nehmen dann in der ersten Linkskurve den bezeichneten Wanderweg geradeaus weiter. Mehrere Schautafeln erklären die Entstehung der Wasserfälle und die begleitenden Biotope, an ein paar Stellen sind Aussichtskanzeln angebracht, von denen aus man besonders gut auf die Fälle schauen kann.

Leider erreicht man irgendwann das obere Ende dieser Fälle und die Straße (1 Std.), der man nach rechts folgt. Kurz darauf führt eine Brücke über die Isel, wir lassen sie rechts liegen und gehen geradeaus weiter, nunmehr ziemlich steil. Der Obere Fall liegt rechts von uns, man hört ihn, aber sieht ihn nicht. Auch diese Steigung hat ihr Ende, ein kurzes, flaches Teilstück führt zu einer Brücke, die wir diesmal nehmen, um auf dem in Fließrichtung linken Iselufer weiter zu wandern. Bei der **Ochsnerhütte** (2 Std.) ist die Straße zu Ende, es geht auf einem schmalen, aber gut ausgetretenen (um nicht zu sagen »ausgetrampelten«) Weg weiter.

Das Zwischenziel, die kleine, freundliche **Clarahütte** (2.30 Std.), erreichen wir nach kaum ansteigender Talwanderung (eine etwas ausgesetzte Stelle knapp vor der Hütte ist für Nicht-Schwindelfreie vielleicht unangenehm, die Hand eines Mitwanderers hilft bei ihrer Überwindung). Genüssliche Bummler und Familien mit kleinen Kindern kehren nach der Einkehr um. Wer sich sagt, dass er dieses Tal so bald wohl nicht mehr besuchen wird, gibt sich nach der Brotzeit einen Ruck und geht weiter – das Gatterl zum talaufwärts führenden Weg ist nicht zu verfehlen.

Der Weg wird nicht schmaler, aber holpriger, Stein herrscht jetzt vor, wir sind schließlich im Hochgebirge, wenn auch der Gipfel der Rötspitze (3496 m), auf die wir die ganze Zeit zugegangen sind, noch weit über uns aufragt. Nach einem Steg über die Isel (3.15 Std.) halten wir uns rechts und gehen über Platten weiter, die vom Gletscher glatt geschliffen wurden. Mehrere Gerinne müssen gequert werden, am Nachmittag sind sie oft viel wasserreicher als beim Aufstieg. Endlich eine Steilstufe, blanker Fels, zwei etwas heikle, ungesicherte Stellen, die wegen der hohen Tritte besonders für kleinere Wanderer unangenehm sein können. Nach ihrer Überwindung stehen wir vor dem kleinen **Gletschersee** (4.30 Std.) unter dem Umbalkees und dem herrlichen Panorama der das Umbalkees umgebenden Gipfel vom Rosshuf (3199 m) im Westen über die Dreiherrnspitze (3499 m) in der Mitte bis zu den Malhamspitzen im Osten (bis 3368 m), letztere werden allerdings durch das Essener Eck (3006 m) großenteils verdeckt.

Der Rückweg folgt dem Aufstiegsweg. Besonders an heißen Juli-Nachmittagen, wenn das Gletschereis in der Sonne schmilzt, ist die Schüttung des Iselflusses sehr hoch: dann sieht man beim Abstieg die spektakulärsten Regenbögen. Wer im Abstieg die Wasserfälle noch einmal genießen will, nimmt den Wasserschaupfad, alternativ bleibt man auf dem Sträßchen, das ja zur Pebellalm und nach **Ströden-Hinterbichl** führt (8 Std.).

## Buchtipp

Naturkundlicher Führer Nationalpark Hohe Tauern 6, Wasserschaupfad Umbalfälle, Innsbruck 1992.

# Gletscherblick und Doppelhü

**Durch das Maurertal zur Essener-Rostocker Hütte**

See, Gletscher und Gipfel sind nach einem Forscher benannt: dem Geographen Friedrich Simony. Der Weg zum kleinen Gletschersee ist abwechslungsreich, die moderne Hütte komfortabel.

## DIE WANDERUNG IN KÜRZE

**+** Anspruch

**6 Std.** Gehzeit

**950 m** An-/Abstieg

**Charakter:** Leichte Hochgebirgswanderung mit einem steilen Teilstück zwischendurch

**Wanderkarten:** ÖK 151 Krimml, F&B 123 Matrei Defereggen Virgental, Kompass 38 Venedigergruppe Oberpinzgau

**Einkehrmöglichkeiten:** Gasthof Stoanalm, Essener-Rostocker Hütte

**Anfahrt: Bus** mehrmals täglich ab Lienz/Matrei bis Ströden (Endhaltestelle), dort befindet sich auch ein **PKW-Parkplatz** (Parkgebühr derzeit 4.50 € pro Tag)

**Unterkunft:** Essener-Rostocker Hütte: Tel/Fax 048 77/5101, essener-rostocker.huette@netway.at (Mitte Juni–Ende Sept., 49 Betten, 70 Lager)

Das Maurertal mündet wie so viele andere Seitentäler der Tauern als scharf eingeschnittenes V-Tal in das Haupttal, das ist in diesem Fall das Virgental. Von der Strödener Kapelle, wo man aus dem Bus steigt (oder das Auto auf dem teuren – einzigen – Parkplatz abstellt), erkennt man die Steilheit der Flanken, kann sich kaum vorstellen, dass der Talschluss als breites und relativ flaches Kar ausgebildet ist. Der Maurerbach hat hier unten ganze Arbeit geleistet: Bis auf wenige Stellen ist das Tal zu eng, als dass es sich lohnen würde, den Wald zu roden und eine Almweide anzulegen. Die Stoanalm, die wir gleich passieren werden, liegt noch ganz am Ausgang des Tales, das Kar im Talschluss ist schon zu hoch gelegen für eine normale Kuhalm, die dortige Göriacher Alpe war früher eine Ochsen- und Kleinviehalm mit Schafen und Ziegen und ist heute aufgegeben.

An der Kapelle in **Ströden** endet die für PKW frei befahrbare Straße. Wir gehen noch ein kurzes Stück weiter auf dieser Straße bis zu einer Gabelung und haben die Wahl, nach links und zur Islitzer Alm oder nach rechts und ins Maurertal zu gehen – wir gehen also rechts. Das Fahrsträßchen führt auf der rechten Talseite entlang, bis es bei einer Brücke direkt an der **Stoanalm** (20 Min.) auf die linke Talseite quert.

Die Straße wird schmaler und führt als Wirtschaftsweg weiter talaufwärts bis zur **Talstation** des Lastenaufzugs für die Essener-Rostocker Hütte (40 Min.), wo sie endet. Ein Schild nennt die in den Markierungen nicht vorkommende Wegnummer 912 und die Gehzeit bis zur Hütte: 2 Stunden, was ziemlich genau stimmt. Nachdem wir eine Weide gequert haben, wird der Weg steiler und steigt in Serpentinen durch Wald an. Auf der gesamten Tour ist dies der einzige wirklich steile Anstieg. Umso mehr hat man sich nach diesem Anstieg eine Rast auf dem flacheren Boden der **Göriacher Alm** (1.30 Std.) verdient. Hier oben sind wir an der Baumgrenze, nur noch wenige Bäume können hier überleben und auch nur in windgeschützten Lagen, die **Ochsnerhütte,** etwas weiter taleinwärts und 1950 m hoch gelegen, liegt schon oberhalb der Baumgrenze.

Über ein kleines Kraftwerk queren wir den Maurerbach (2.15 Std.) und erreichen kurz darauf eine alte Moräne des Maurerkees. Hier gabelt sich der Weg, links geht man in der *Direttissima,* rechts in Serpentinen und schön bequem hinauf zur **Essener-Rostocker Hütte** (2.45 Std.), die auf der Kuppe einer Moräne von 1850 steht.

Die Hütte wurde 1999 teilweise renoviert, der in hellem Holz gehaltene Gastraum ist funktional und nicht sonderlich gemütlich, dafür ist das Essen ausgesprochen gut (keine »Hüttenkost«, sondern bestes Gasthausessen – ein Nuss-Marillenstrudel wird im Gedächtnis bleiben). Ehemals gehörte die Hütte, die heute noch erkennbar aus zwei Teilen besteht, zwei Sektionen, die Rostocker Sektion hat jedoch resigniert, und die Essener sind heute für die gesamte Hütte zuständig. Aber alte Namen halten lange...

Nach der Rast noch ein Spaziergang, der zum Simonysee führt. Mehr auf Wegspuren als auf einem Steig werden wir durch junges Moränenmaterial geführt, auf einem Steg queren wir den Gletscherbach, der aus dem Simonykees entspringt. Gletscherschliff überzieht die großen Gesteinsblöcke, zwischen denen sich die Wegspur durchwindet. Am kleinen **Simonysee** (3.30 Std.) der Blick auf den schon nicht mehr direkt in den See mündenden Gletscher und die Simonyspitzen. Noch 1934 erreichte der Simonygletscher die Höhe der Essener-Rostocker Hütte, von einem See war noch nicht die Rede. Alles Terrain, über das wir auf diesem Spaziergang von der Hütte aus wandern, wurde erst in den letzten 60 bis 70 Jahren vom Eis freigegeben!

Der Abstieg erfolgt auf der Route des Aufstieges. Wer vor dem Heimweg noch etwas essen oder trinken will, sollte nicht vergessen, dass die

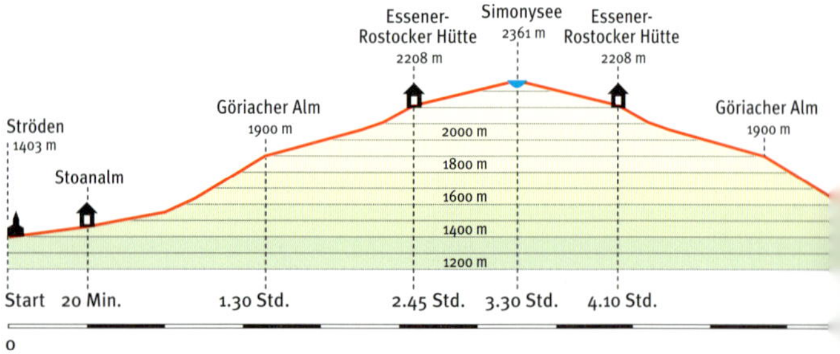

**Stoanalm** dafür die letzte Möglichkeit bietet, bei der **Strödener Kapelle** (6 Std.) gibt es keine Einkehrmöglichkeit!

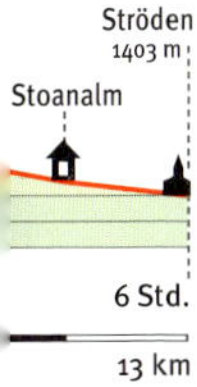

Tour 16

# Blumenparadies Sajatmähder

## Von Prägraten über den Prägratner Höhenweg zur Sajathütte

Eine Rundwanderung der Luxusklasse: unvergessliche Ausblicke vom bis auf über 2500 m Höhe führenden Wanderweg, abwechslungsreiche Blumenwiesen (Edelweiß!), gaukelnde Apollofalter und das alles auf leichten Wegen und alpinen Steigen.

### DIE WANDERUNG IN KÜRZE

++ Anspruch

5 Std. Gehzeit

1600 m An-/Abstieg

**Charakter:** Hochalpine, aber einfache Tour auf Wegen und alpinen Steigen, wegen des großen Höhenunterschieds etwas anstrengend

**Wanderkarten:** ÖK 152 Matrei, F&B 123 Matrei Defereggen Virgental, Kompass 38 Venedigergruppe Oberpinzgau

**Einkehrmöglichkeiten:** Bodenalm, 15 Min. abseits der Route

**Anfahrt:** **Bus** bis Prägraten, dort bei der 2. Haltestelle aussteigen und auf der Straße oder auf dem 200 m weiter beginnenden Wanderweg bis zur Straße nach Oberbichl (40 Min.); mit dem **Auto:** Straße von Matrei über Prägraten nach Bichl, durch den Ort durch und bei der nächsten Gabelung links bis zum Parkplatz

Das Traurige zuerst: die schöne private Sajathütte, ein Schmuckstück von einer Hütte mit gemauertem Kamin als Zentrum des mit hellem Holz getäfelten Baus, wurde im April 2001 durch eine Lawine zerstört. Die Besitzerfamilie Kratzer, die auch das Taxi zur Johannishütte und eine Pension in Prägraten-Bichl betreibt, will die Hütte so schnell wie möglich wieder aufbauen (Infos über den Stand des Wiederaufbaus bei den Besit-

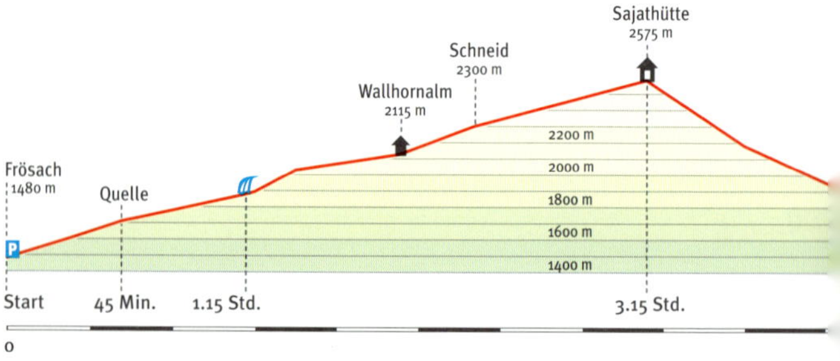

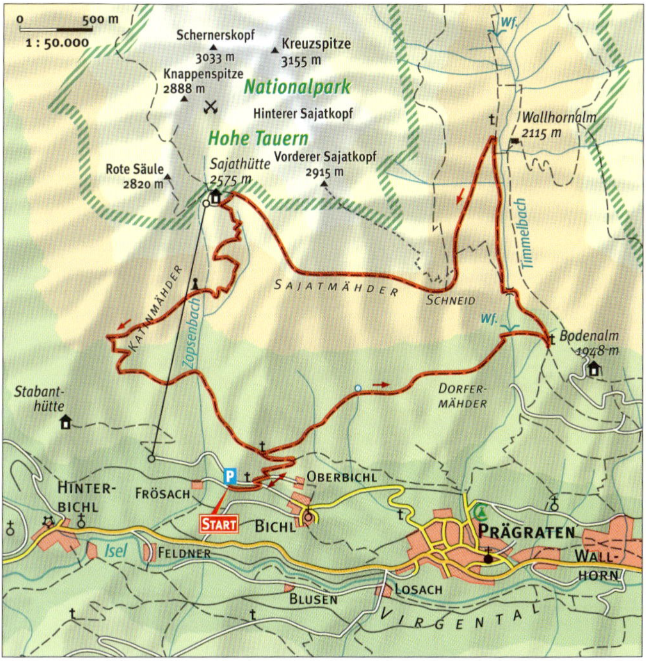


zern, Tel. 048 77/5369). Nicht nur die Hütte war eine private Initiative, auch der Prägratner Höhenweg quer durch die herrlichen Sajatmähder, der hochalpine Verbindungssteig hinüber zur Johannishütte und schließlich auch der gesicherte Klettersteig auf den Hausberg der Hütte, die Rote Säule.

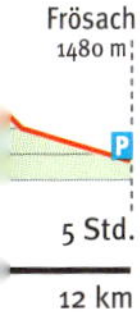


Die Wanderung beginnt am **Parkplatz Frösach.** Man geht ein paar Meter auf der Straße zurück, die man gekommen ist, und folgt dann einem schmalen Wiesensteig nach links, der zu einer Kurve der asphaltierten Straße nach Oberbichl führt. Wir folgen ihr 200 m und nehmen dann einen markierten Weg, der nach links in bewaldetes Gelände führt. Bald darauf gabelt sich auf einer Lichtung der Weg (Schilder), nach links führt der direkte Katinweg zur Sajathütte, wir werden ihn später als Abstiegsroute nehmen. Nach rechts führt unser Weg, nur mäßig ansteigend, zunächst durch lichten Hochwald, dann durch die Dorfermähder. Über den Blumen gaukeln immer wieder Apollofalter – anderswo sind sie eine große Rarität, hier sieht man sie manchmal in mehreren Exemplaren.

*Im Sajatkar*

Die Ausblicke werden ab der **Quelle** unter einem Felsen (45 Min.) immer umfassender, wie großartig werden sie wohl vom 500 m über uns verlaufenden Steig durch die Sajatmähder sein!

Jenseits der Dorfermähder erreicht man wieder Bergwald. Der sehr wasserreiche Timmelbach wird auf einer Brücke gequert (1.15 Std.). Den steilen Teil seines Laufes nimmt der Bach hier in einem prächtigen Wasserfall. Bei der nächsten Lichtung quert ein markierter Weg. Geradeaus kämen wir zur Bodenalm mit Gelegenheit zur Verköstigung (s. Tour 17). Wir folgen aber dem Querweg auf Resten der alten Pflasterung in den Hang links oberhalb von uns und erreichen wieder den Timmelbach, den wir nunmehr zurück zum anderen Ufer und fast 150 m höher auf einer Brücke überschreiten (1.45 Std.).

Das Timmelbachtal, dessen Mittelteil wir nun erreicht haben, ist überraschend breit, es ist ein typisches vom Gletscher ausgeschliffenes Trogtal. Der Gletscher selbst floss auf den größeren Gletscher im Virgental auf; als dieser sich zurückzog, entstand die heutige Gefällestufe, die der Bach mit einer Serie von Wasserfällen überwindet. (Dieses Phänomen ist vielerorts im Nationalpark zu beobachten, am besten bei den Nebentälern der Salzach im Pinzgau.)

Wir gehen nur etwa 1,5 km durch dieses schöne Tal bis in Höhe der Hütte der **Wallhorner Alm** am linken Ufer. Hier verlassen wir unseren weiter zur Eisseehütte führenden Weg und biegen links aufwärts auf einen Hangweg ab. Dieser führt leicht ansteigend durch die Hänge des Timmeltales und erreicht schließlich die Kante zum Virgental (»Schneid«) mit spektakulärer Aussicht. Von hier aus sieht man vor allem die Lasörlinggruppe, natürlich den Großen Lasörling , aber auch einige der Gipfel des inneren Virgentales in der Venedigergruppe. Über uns erheben sich der Große und der Kleine (oder Vordere und Hintere ) Sajatkopf und um uns dehnen sich die alpinen Rasen der **Sajatmähder** aus.

Der Weiterweg über den **Prägratner Höhenweg** führt durch ein wahres Blumenparadies. Man möchte immer wieder stehen bleiben – und hat auf einer Ganztagswanderung bei nur 5 Std. reiner Gehzeit auch die Zeit dazu. Ab und an sieht und sehr häufig hört man Murmeltiere, und besonders oberhalb des Weges sind im steileren Bereich immer wieder Gämsen zu beobachten.

Nach einer zweiten Hangkante kommt das Sajatkar in Sicht mit der (hoffentlich bald wieder aufgebauten) Sajathütte, darüber die Rote Säule und rechts davon die Sajatscharte, über die der Weg zum Johannishaus führt. Noch ein kurzes, fast flaches Wegstück – in den Wiesen sind die Edelweiß nicht zu übersehen – und wir haben die **Sajathütte** erreicht (3.15 Std.). Hinter der Hütte, die auf einem Moränenwall direkt über dem steilen Hang stand, der zum Virgental hinunter führt, ist eine mit Gras bewachsene Mulde, ein ausgetrockneter Karsee, in dem man sich auch mal ganz flach ausstrecken, die Augen schließen und dösen kann.

Der Abstieg beginnt direkt vor der Hütte. Ein Grashang wird in großzügigen Serpentinen überwunden, Murmeltierbauten liegen unmittelbar neben dem Weg. Es folgt das steile Tal des Zopsenbaches, der im Kar oberhalb der Hütte entspringt, es wird auf nicht ganz gutem Steig abwärts gequert. Dann wieder Wiesen, auch sie blumenreich, aber es sind jetzt andere Blumen, wie die Vegetation hier auch viel höher ist. Geknäuelte Glockenblume und Türkenbund finden wir, so wie wir oben Enziane und Alpenaster fanden. Diese Wiesen, die **Katinmähder,** gehen allmählich in lichten Lärchenwald über, dann in einen artenreicheren Bergmischwald. Bei der Gabelung, an der wir uns am Morgen für rechts entschieden, kommen wir wieder auf den Aufstiegsweg und auf diesem zurück zum **Parkplatz Frösach** (5 Std.) bzw. nach Prägraten.

## Der Apollofalter

Der Alpenapollo *(Parnassius phoebus F.)* ist der wohl auffallendste Falter der Bergwiesen. Im Hochsommer, vor allem Mitte Juli bis Anfang August, kann man besonders auf nach Süden gerichteten, von Wasser führenden Dellen durchsetzten Bergwiesen wie den Sajatmähdern seinen gaukelnden Flug beobachten. Der Falter lebt in Berglagen zwischen 1600 und 2600 m. Die Farbe des Alpenapollo ist wie die des in tieferen Lagen vorkommenden gewöhnlichen Apollofalters *(Parnassius apollo L.)* ein leuchtendes Weiß, auf dem sich größere schwarze Punkte, vor allem aber die roten, schwarz umrandeten »Augen« auf den Hinterflügeln deutlich abheben. Die Bergflockenblumen, Skabiosen und Disteln der Hangwiesen, wie sie die Dorferwiesen und die Sajatmähder darstellen, sind die Nektarquellen des Falters. Unabdingbar für das Überleben des Alpenapollo sind die Polster des Fetthennen-Steinbrechs, die häufig auf Stellen wachsen, die vom Wasser überrieselt oder regelmäßig besprüht werden. Die Weibchen des Alpenapollo legen ihre Eier in der Nähe dieser Pflanze ab, die Raupe ernährt sich nach der Überwinterung ausschließlich vom Fetthennensteinbrech.

**Lesetipp:** Hermann Hesse beschreibt in seiner Erzählung »Ein Wandertag am Vierwaldstätter See« den Flug des Alpenapollo.

# Eissee und Gletscherbäche

## Von Prägraten durch das Timmeltal zum Eissee

Zwei Touren in einer: Wald und Almwanderung bis zur Eisseehütte, hochalpines Bergwandern weiter zum Eissee unter der zu Recht so genannten Weißspitze. Es soll schon gebadet worden sein im Eissee, Unerschrockene nehmen die Badehose mit!

### DIE WANDERUNG IN KÜRZE

++ Anspruch

7.30 Std. Gehzeit

1400 m An-/Abstieg

**Charakter:** Bis zur Eisseehütte Almwanderung auf guten Wegen und Steigen, ab dort hochalpine Tour auf alpinen Steigen und Wegspuren

**Wanderkarten:** ÖK 152 Matrei in Osttirol, F&B 123 Matrei Defereggen Virgental, Kompass 38 Venedigergruppe Oberpinzgau

**Einkehrmöglichkeiten:** Bodenalm (Ende Mai–Ende Okt.), Eisseehütte

**Anfahrt:** **Bus** bzw. **Auto** von Matrei (Felbertauernstraße ab Mittersill, Straße von Lienz) durch das Virgental bis Prägraten. Es gibt die Möglichkeit, auf einer **Mautstraße** bis zu einem Parkplatz unterhalb der Bodenalm zu fahren, und die Tour dort zu beginnen, sie verkürzt sich damit auf 4.30 Std. Bis dorthin fährt auch das Hüttentaxi der Eisseehütte, Tel. 0663/84 88 28.

**Unterkunft:** Eisseehütte: Tel. 0663/84 88 28 (45 Lager, Mitte Juni–Anf. Okt.)

In **Prägraten** geht man rechts vom Supermarkt am östlichen Ortseingang ein paar Schritte in Richtung Hangfuß, wo ein alter Karrenweg, der heute nur noch als Fußweg zu benützen ist, nach rechts in den Wald hinauf leitet. Wir folgen ihm bis zur Einmündung in eine Asphaltstraße, die wir dann nach links einschlagen. In etwa gleicher Richtung geht es weiter bis zu einer **Kapelle.** Nach dem folgenden Haus zweigt ein Sträßchen hangaufwärts ab, das sich 50 m weiter am Waldrand gabelt, wir nehmen den rechten Zweig. Der Weg, den wir eingeschlagen haben, ein ehemaliger Almtriebweg – man merkt das an den sorgfältig ausgebauten Kurven – führt uns durch schönen Lärchenwald, an Wasserbehältern und einem Brunnen vorbei, zwei Bäche werden gequert, schließlich erreichen wir eine Lichtung mit Brunnen und Wacholdersträuchern. Am oberen Ende links haltend gehen wir weiter durch Wald, bis wir am untersten Ende der **Wallhorner Mähder**, der Almenzone oberhalb Prägraten, wieder auf Wiesen stoßen. Eine Straße wird gequert, jenseits geht es geradeaus und über Wiesen und durch lichten

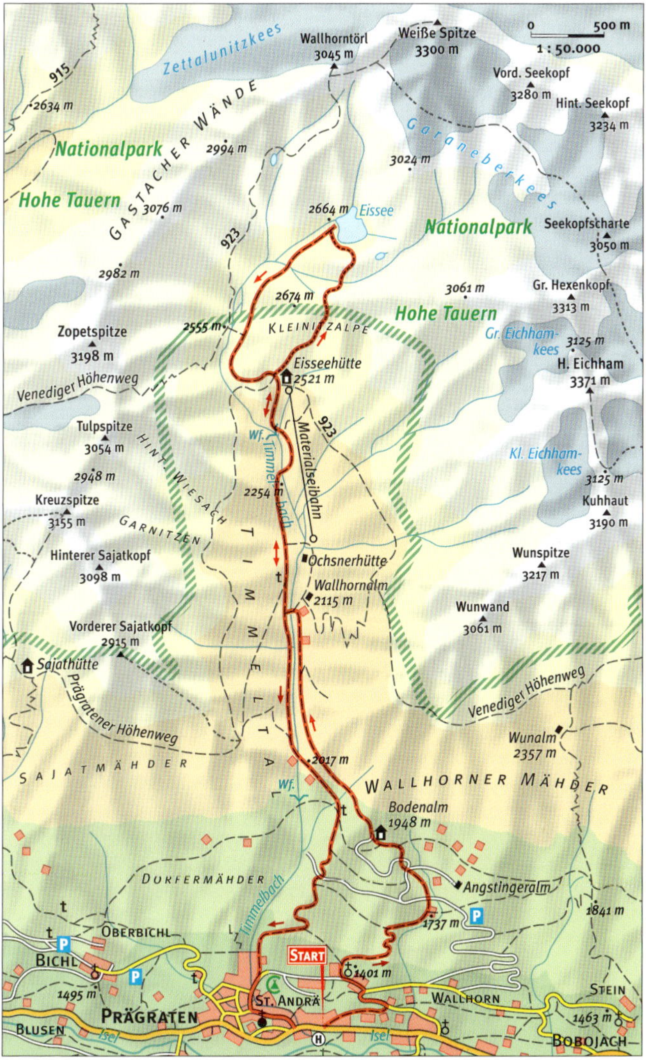


Wald weiter. Noch dreimal kreuzen wir das Sträßchen, dabei sehen wir schon auf einer Kuppe über uns die Fahne der Bodenalm wehen. Die letzten 100 m gehen wir auf eben diesem Sträßchen bis zum **Gasthof Bodenalm** (1.45 Std.).

An der Terrasse des Gasthofs vorbei führt der Weiterweg in Richtung eines kleinen Sattels, den man in wenigen Minuten erreicht. Hier zweigt unser Wanderweg nach links ab. Nach einer Hangquerung erreichen wir einen aussichtsreichen Felsenbuckel am Eingang des Timmeltales, das wie so viele andere Täler der Tauern mit einer steilen Stufe ins Haupttal – in diesem Fall das Virgental – mündet. Auf dem Felsenbuckel steht ein Kreuz, eine Bank wartet auf diejenigen, die den Traumblick auf die Lasörlinggruppe samt deren höchstem Gipfel, dem Lasörling, so richtig genießen wollen.

Nun führt der Weg mit nur geringer Steigung in das Timmeltal hinein. Bei der **Wallhorner Alm** (2.15 Std.; nach rechts Verbindung zum Venediger Höhenweg) wechseln wir auf einem Steg zur anderen Bachseite. Schon von weitem sieht man den **Wasserfall,** der vom obersten Boden des Tales herunterstürzt; wer genau schaut, kann auch die Hütte erkennen. Der Weg wird am Fuß des Wasserfalles steiler und schlechter, oberhalb des Falles, nach dem Steg über den Bach, wird er wieder besser, und nach einem steileren Stück haben wir die **Eisseehütte** erreicht (3.30 Std.).

Die Nationalparkbestimmungen vereitelten den Plan, die Eisseehütte direkt an den See zu bauen, also errichtete man sie etwas tiefer und mit Blick auf das Timmeltal, ja bis hinüber zur Lasörlinggruppe. Dort steht sie ideal zwischen Almregion und Hochgebirgsregion, Standort für eine Erfrischungspause und vielleicht für eine Nächtigung.

Vor der Hüttentür gabeln sich die Wege: In gleicher Höhe geht der Venediger Höhenweg nach rechts, wir aber wählen den nach links abzweigenden und in die Hänge oberhalb führenden Ast, ein Schild weist uns zum Eissee. Über Schutt und Moränen, zwei Wasserläufe querend (Trittsteine), kommen wir zu einem Aussichtspunkt über dem direkt unter uns liegenden See, der von dunklen Gletscherbergen umstanden ist.

Wer enttäuscht darüber war, dass die Eisseehütte nicht am Eissee liegt, wird jetzt einsehen: Die großartige Bergeinsamkeit dieses von Gletschergipfeln umrahmten Karsees wäre unwiederbringlich verloren, stünde dort eine Hütte.

Der Abstieg zum **Eissee** ist etwas mühsam, da Lockermaterial nachrutscht – Vorsicht ist angebracht (4.15 Std.)! Das von Steinen überstreute Seeufer ist nicht unbedingt einladend, aber wer das Baden in kalten Gebirgsseen schätzt, sieht darüber hinweg.

Am – zunächst unterirdischen – Seeabfluss führt der Weg weiter, er folgt dem sich rasch verbreiternden

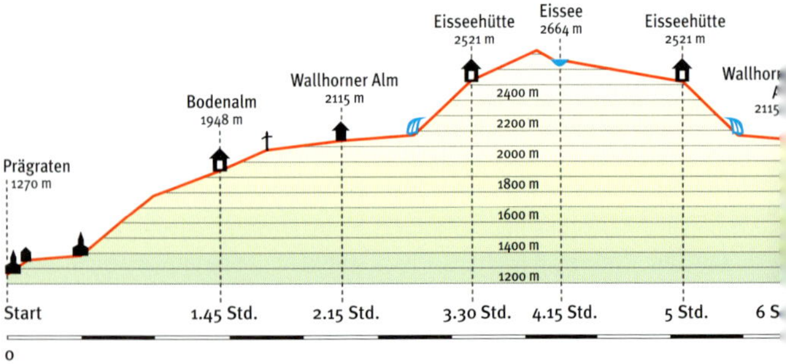

*Blick hinunter auf den Eissee*

Bächlein, bleibt dabei immer auf der linken Talseite. Eine Gabelung mit einem nach rechts über den Bach führenden Zweig wird nicht beachtet. Der Rundweg ist bei der **Eisseehütte** vollendet (5 Std.).

Der Abstieg erfolgt bis zum Steg bei der **Wallhorner Alm** (6 Std.) auf dem Anstiegsweg. Wir bleiben dann aber auf unserer Talseite und gehen auf gutem, schmalem Weg geradeaus talauswärts weiter. Bei einer Holzbrücke müssen wir dann doch nach links über den Bach – Blick in die enge Klamm, die sich der Timmelbach hier ausgewaschen hat –, und kurz darauf zeigt uns ein Marterl, dass wir richtig gegangen sind. Eine steile Steinplattentreppe führt hinunter auf eine Lichtung, wo wir uns auf einer Wegkreuzung befinden: Der Querweg führt nach links zur Bodenalm (den nehmen diejenigen, die ihr Auto auf der Straße zur Bodenalm geparkt haben!), nach rechts – übrigens wunderschön – durch die Dorfermähder, blumenreiche Wiesen und Weiden, hinüber nach Bichl (s. Tour 16). Wir aber gehen hier geradeaus weiter hinunter in den Wald, queren eine Forststraße und treffen nach steilem Abstieg mitten im Wald auf eine Gabelung. Hier nach rechts, zuerst noch im Wald, dann durch die bachnahen Wiesen oberhalb Prägraten. Unser Weg wird zum Sträßchen, das bei der Kirche in die Hauptstraße von **Prägraten** mündet, der wir nach links auf die Umgehungsstraße und zum Supermarkt folgen, unserem Ausgangspunkt (7.30 Std.).

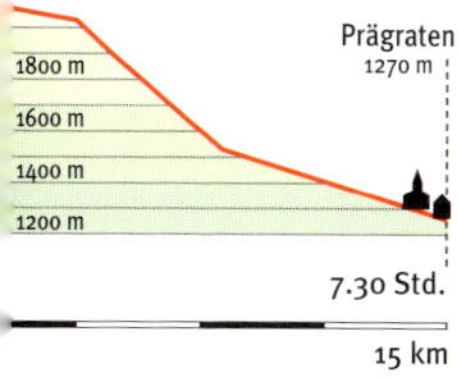

Tour 18

# Das Niltal liegt in Tirol

## Großes und Kleines Niltal von Obermauern

Steil geht es zu an den Sonnenhängen über dem Virgental, aber ebenso aussichts- wie blumenreiche Querwege mildern die Anstrengung. Die beiden Niltäler über Obermauern bieten mit zwei gemütlichen Einkehrhütten klassisches Almenwandern.

### DIE WANDERUNG IN KÜRZE

++ Anspruch

4.30 Std. Gehzeit

700 m An-/Abstieg

**Charakter:** Leichte, aber in An- und Abstieg recht steile Almwanderung auf guten Wegen und Steigen, streckenweise auch auf Almfahrweg

**Wanderkarten:** ÖK 152 Matrei, F&B 123 Matrei Defereggen Virgental, Kompass 38 Venedigergruppe Oberpinzgau

**Einkehrmöglichkeiten:** Gasthof Waldruhe (am Ausgangspunkt), Gotschaunalm (einfache Speisen), Niljochhütte

**Anfahrt:** Mit dem **Auto:** Von der Felbertauernstraße über Matrei ins Virgental bis Obermauern, dort noch vor der Kirche nach rechts bis zum Parkplatz knapp vor dem Gasthof Waldruhe; **Busverbindung** ab Lienz bzw. ab Kitzbühel und Mittersill (mit Umsteigen in Matrei) bis Obermauern

**Unterkunft:** Niljochhütte: Tel. 048 77/5440 (25 Betten und Lager)

Dass die Tiroler, deren Land an Naturschätzen keineswegs arm ist, auch noch das Niltal für sich reklamieren, ist schon erstaunlich. Nicht genug damit, weisen sie auf Karten auch noch ein Großes und ein Kleines Niltal aus. (Allerdings schreiben einige Karten »Nilltal«.) Ein Tipp im Vorfeld: Hoffen Sie nicht auf Palmen und Krokodile. Aber vielleicht kreist

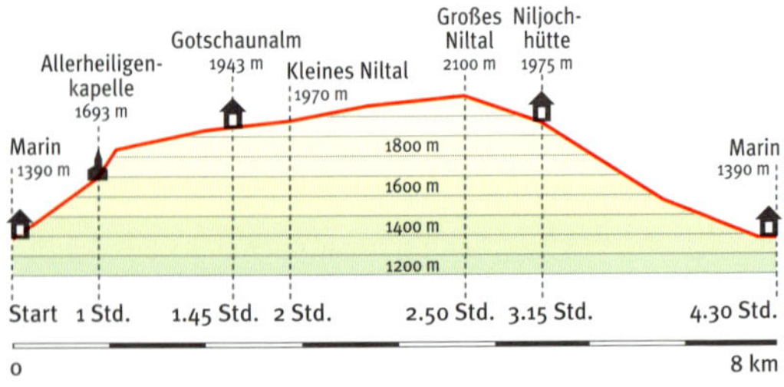

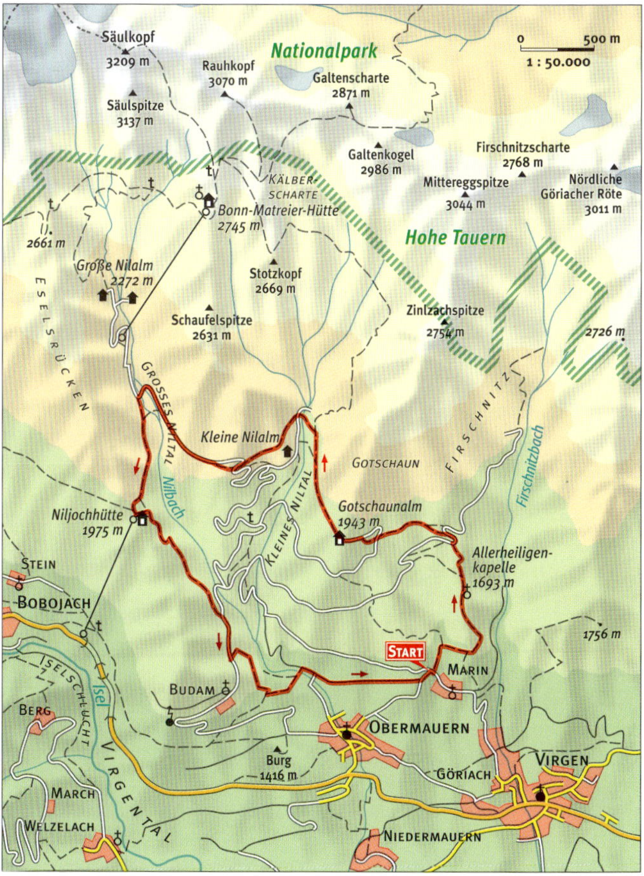


ja ein Bartgeier über dem wild gezackten Gebirgskamm zwischen Hocheicham (3371 m) und Mittereggspitze (3045 m).

Knapp vor dem **Gasthof Waldruhe** im Weiler **Marin** (mit Betonung auf dem i) liegt oberhalb der Straße ein kleiner Parkplatz. Hier weisen Schilder zur Gotschaunalm, unserem ersten Ziel. Der Weg führt in der Wiesenmulde aufwärts und gabelt sich nach wenigen Minuten und etwa 50 m Anstieg: Wir wenden uns nach rechts und zum Kreuzweg, der zur Allerheiligenkapelle führt. (Der Weg nach links führt etwas rascher, aber landschaftlich weniger reizvoll zur Gotschaunalm.) Zunächst flacher, dann recht steil windet sich der Weg durch herrlichen Lärchenwald einen steilen Rücken hinauf. Alte Kreuzwegstationen geben Anlass zu kurzem Innehalten. Endlich zweigt nach rechts ein kurzes Weglein zur **Allerheiligenkapelle** ab, die auf dem hier schmalen Rücken mitten im Lärchenwald steht (1 Std.; geschlossen, kein Guckloch, auch keine Aussicht, nur eine Rastbank unter der Kapelle).

Zurück zur Abzweigung und weiter auf dem bisherigen Weg (Schild »Gotschaunalm«). Der weiterhin gut erkennbare, aber nicht mehr wie bis zur Kapelle rot-weiß markierte Weg erreicht nach einem Gatter steile Lärchenwiesen und 10 Min. später eine Lichtung mit Viehweide. Der Weg führt hier flach am unteren Ende nach links weiter und zurück in den Wald. Kurz darauf wird eine Forststraße gequert, dann passiert man eine Waldweide mit Brunnen, der amüsanterweise aus einer Lärche plätschert. Nach einer weiteren Forststraßenquerung erreichen wir die Almböden der **Gotschaunalm** und nach ein paar Minuten die Almhütte selbst (1.45 Std.): kein Bier, aber ein vorzüglicher Hollerlikör, ein »Scharfer« (Schnaps) und deftig-schmackhafte Almkost.

Nach der Almhütte wendet man sich durch ein Gatter etwas aufwärts über die Wiesen zum lockeren Lärchenwald über dem Kleinen Niltal. Schöne Blicke auf den Talschluss mit den bis über 3000 m hohen Gipfeln und über das Großen Niltal hinweg zu der auf einem Felssporn stehenden Niljochhütte, unserem nächsten Ziel. Bei zwei Gabelungen noch vor dem Talschluss wenden wir uns jeweils rechts und dann gleich wieder links.

Der Weg quert den Kleinen Nilbach (2 Std.), steigt dann über die Bergwiesen des Rückens zwischen Kleinem und Großem Niltal etwas an und führt mit Traumaussicht auf die Lasörlingkette im Süden auf eine Almerschließungsstraße. Wir verlassen sie gleich wieder, queren sie noch zweimal und folgen ihr schließlich doch nach links ins Große Niltal, das vom Hocheicham (3371 m) dominiert wird. Wir passieren die Talstation der Materialseilbahn auf die Bonn-Matreier Hütte, überqueren den Großen Nilbach und gehen wieder abwärts, bis wir schließlich die schon länger sichtbare **Niljochhütte** erreichen (3.15 Std.).

Stärkung und Abstieg: Direkt von der Hüttenterrasse führt ein Steig in den steilen, teilweise bewaldeten, teilweise als Weide genutzten Hang über dem Großen Niltal. Nach einer Viertelstunde steilen Abstiegs über Serpentinen erreicht man einen Fahrweg, dem man weiter bergab folgt, bis gute 10 Min. später scharf nach links ein Almfahrweg abzweigt (Schild »Abkürzung Obermauern«). Nach nur 100 m biegt rechts ein Steig in die Wiese ab (Schild), dem wir folgen. Er führt recht steil in ein Waldstück, wieder über Weide und quert schließlich nach der Abzweigung auf die Hohe Bank und nach Bobojach (Schild) den Großen Nilbach auf einem Steg (Hinweise auf die etwas oberhalb liegende Nilklamm, die einen Abstecher wert ist).

Jenseits des wild schäumenden Baches erreicht man den Wanderweg durch das Kleine Niltal, dem man nach rechts folgt, immer die Wiesen von Obermauern und den den Ort auf der rechten Seite vor Augen. Dort, wo der Weg auf ein Landwirtschaftssträßchen stößt, folgen wir ihm in gerader Linie weiter und erreichen bald den Parkplatz beim **Gasthof Waldruhe** in **Marin** (4.30 Std.).

# Urlandschaft mit Wildwasser

**Vom Virgental durch Groß- und Kleinbachtal zur Reichenberger Hütte**

Das ist eine Tour der Superlative, nicht nur wegen ihrer Länge und Höhe, sondern vor allem auch wegen der großartigen Hochgebirgslandschaft um Bödensee und Rote Lenke. Nichts für Almspaziergänger!

## DIE WANDERUNG IN KÜRZE

+++
Anspruch

8.30 Std.
Gehzeit

1400 m
An-/Abstieg

**Charakter:** Hochalpine, technisch nur mäßig anspruchsvolle Tour auf tw. hochalpinen Steigen. Im Frühsommer oft noch in schlechtem Zustand und z.T. von Lawinenschnee überdeckt, auf steilen Altschneefeldern besonders morgens Abrutschgefahr!

**Ausrüstung:** Im Frühsommer evtl. Pickel und Leichtsteigeisen (Grödln), Information beim Hüttenwirt der Reichenberger Hütte. Der Abstieg ist meist nicht vor Mitte Juli begehbar, in diesem Fall Abstieg über den Aufstiegsweg

**Wanderkarten:** ÖK 151 Krimml sowie 177 Sankt Jakob in Defereggen, F&B 123 Matrei Defereggen Virgental, Kompass 38 Venedigergruppe Oberpinzgau

**Einkehrmöglichkeiten:** Am Anfang/Ende Islitzeralm und Pebellalm, Neue Reichenberger Hütte

**Anfahrt:** Mit dem **Auto:** Von der Felbertauernstraße über Matrei ins Virgental bis Hinterbichl-Ströden, dort Großparkplatz; **Busverbindung** ab Lienz bzw. ab Kitzbühel und Mittersill (mit Umsteigen in Matrei) bis Hinterbichl, von dort aus 2 km Asphaltstraße bis Ströden (die Busse, die Ströden im Sommer 3x tägl. ansteuern, kommen für diese Tour viel zu spät an bzw. starten viel zu früh zurück).

**Unterkunft:** Neue Reichenberger Hütte: Tel. 04873/5580, neue.reichenberger-huette@utanet.at (20 Betten, 40 Lager, Mitte Juni - Ende Sept.)

Die Tour von Ströden im Virgental durch das Großbachtal zur Neuen Reichenberger Hütte und zurück durch das Kleinbachtal ist eine ernst zu nehmende hochalpine Tour. Die großartige Landschaft der beiden Täler mit ihren rauschenden Bächen, Wasserfällen und einsamen Bergwiesen steigert sich in den beiden Talschlüssen zu unvergesslichen Bildern. Besonders im obersten Kleinbachtal unter der fast 2800 m hohen Scharte Rote Lenke (so benannt nach der Farbe des Gesteins) hat die Landschaft arktischen Zuschnitt. Aber auch dort oben bringen Blüten noch Farbe in die Natur – das Gelb des Alpenhahnenfuß, das Rot der Zwergprimel, das Blau des Eisenhuts.

Man beginnt die Wanderung in **Ströden** am Parkplatz und nimmt das deutlich zur Pebell- bzw. Islitzeralm gekennzeichnete Sträßchen in den Talschluss des Virgentales unter den Umbalfällen. Unterhalb der **Pebellalm** (30 Min.) wendet man sich nach links auf einen Fahrweg, von dem nach einem Dutzend Metern ein schmaler, äußerst steiler Almfahrweg nach rechts abzweigt (Schilder zur Neuen Reichenberger Hütte). Er führt in steilen Serpentinen zwischen den Wasserfällen des Kleinbaches (links, Aussichtskanzel – unbedingt die 5 Min. hin und zurück einsetzen!) und Großbaches (samt Blick auf die Oberen Umbalfälle) den steilen Hang hinauf. Endlich erreicht man eine Verflachung, auf der links die Hütte der **Stürmitzalm** steht (1.45 Std.), die einzige Alm im V-förmig eingeschnittenen Kleinbachtal, das wir auf unserem Rückweg durchqueren werden.

Der Fahrweg führt rechts weiter, so auch der Weg zum Großbachtal, durch das wir aufsteigen wollen. Mit wesentlich geringerer Steigung als bisher geht es den Hang nach rechts, letzte Lärchen und viele Alpenblumen sowie eine wunderbare Aussicht auf die Venedigergruppe machen diesen Teil zu einem echten Gustostückerl. Dann erreicht man den Rücken (2.15 Std.) und steht hoch über dem **Großbachtal,** das sich als vom Gletscher ausgeformtes Trogtal entpuppt, in das der Fluss ein steiles V eingekerbt hat. Noch müssen wir auf dem Sträßchen bleiben, es verläuft jetzt fast flach durch den Hang, aber nach 5 Min. bietet sich links ein – bis auf einen blauen Punkt am Beginn – unmarkierter Steig an, der uns durch Wiese und schrofiges Gelände zur **Großbachalm** führt (2.30 Std.). Etwas oberhalb liegt ein kleiner Tümpel, bei dem man ganz wunderbar rasten kann.

Der Weiterweg erfolgt auf einem schmalen Steig. Man überwindet eine niedrige Schwelle und bewegt sich relativ flach auf den Talschluss zu, dessen Felsenhalbrund man bei einem isolierten Felsblock (3.15 Std.)

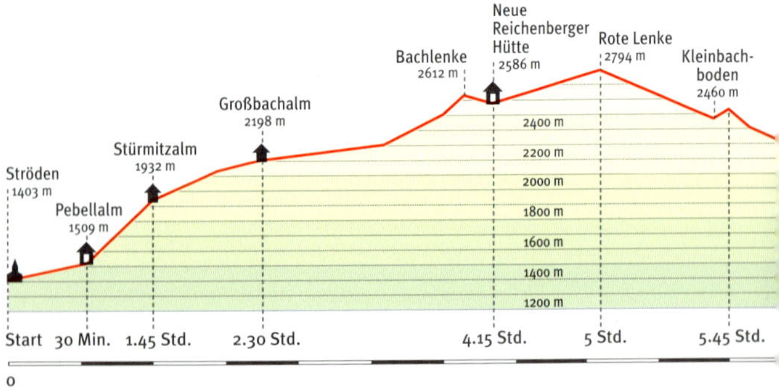

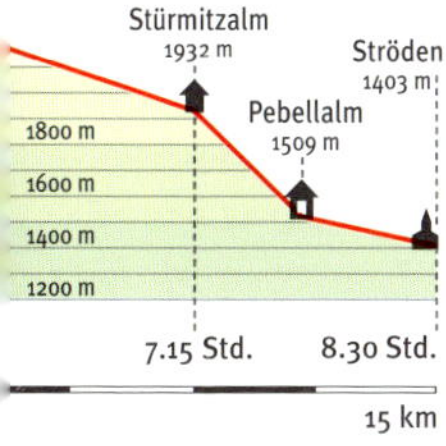


nahezu erreicht hat. Dann folgt ein steiler Aufstieg zum obersten Karboden. Man passiert einen Schrofenhang mit hellgrauem Kalkgestein, einem seltenen Einsprengsel in den Bündnerschiefern aus dem Erdmittelalter, die den Großteil dieses Gebirges bilden. Den obersten Karboden (mit Göslessee links) gewinnt man über einen schmalen, sanft ansteigenden Grat, ein weiterer kurzer Aufstieg führt zum 2612 m hohen Joch der **Bachlenke.** Blick auf die keine 10 Min. entfernte Neue Rei-

*Herbststimmung bei Ströden*

chenberger Hütte am Bödensee und über das Trojeralmtal hinweg auf die Gipfelkette des Panargenkammes, der sich als schmaler, fast völlig isolierter Gebirgszug südlich vor die Lasörlinggruppe legt.

Wer nicht auf der **Neuen Reichenberger Hütte** (4.15 Std.) nächtigt (angenehm und sehr empfehlenswert!), der wendet sich zurück zum **Bödensee,** quert den Ausfluss auf Steinplatten und nimmt bei der direkt folgenden Gabelung den in das Bödenseekar und zur Roten Lenke führenden Steig. Man erreicht unschwer die **Rote Lenke** (5 Std.) mit ihren orangeroten Gesteinslinsen, die in anderes, graues Gestein eingebacken sind. Jenseits geht es steil abwärts, wegen der großen Höhe der Lenke (2794 m) bleibt der Schnee oft bis in den Hochsommer hinein liegen. Das Kar des **Kleinbachbodens** unterhalb wird gequert. Der Weiterweg führt trotz Wegspuren **nicht** am Bach entlang abwärts: Das wäre lebensgefährlich, da sich der Bach in einem Wasserfall ins Kleinbachtal ergießt und das Gelände senkrecht abbricht. Statt dessen steigt man auf der Gegenseite des Kars noch etwa 60 Höhenmeter an, erst dann wendet man sich in einer Scharte (5.45 Std., Schilder) nach links auf den Weiterweg.

Dieser führt zunächst kaum absteigend in den rechten Talhang des Kleinbachtals, senkt sich dann aber plötzlich (Schild!) nach links und erreicht bald den **Kleinbach,** der gequert wird – schöner Blick auf den Wasserfall links, wenn man da abgestiegen wäre ...! Auf der linken Talseite geht es jetzt ohne Überraschungen abwärts, schließlich passiert man eine (leichte) versicherte Felsenpassage und erreicht die schon vom Aufstieg bekannte **Stürmitzalm** (7.15 Std.). Auf dem Hinweg geht es hinunter zur **Pebellalm** und bequem hinaus zum Ausgangspunkt in **Ströden** (8.30 Std.).

# Glocknerblick aus Blumenwiesen

**Auf dem Muhs-Panoramaweg zwischen Bergersee und Lasnitzenalm**

Der Muhs-Panoramaweg ist sicher einer der schönsten Wanderwege der Region, auf jeden Fall einer der aussichtsreichsten: das Panorama reicht vom Großvenediger bis zum Großglockner. Höhepunkt: Der Bergersee mit der Weißspitze im Hintergrund.

## DIE WANDERUNG IN KÜRZE

+ Anspruch

5.30 Std. Gehzeit

900 m An-/Abstieg

**Charakter:** Leichte Bergwanderung auf Almwegen und Almerschließungsstraßen

**Wanderkarten:** ÖK 152 Matrei in Osttirol + 178 Hopfgarten i.D., F&B 123 Matrei Defereggen Virgental, Kompass 38 Venedigergruppe Oberpinzgau

**Einkehrmöglichkeiten:** Bergerseehütte, Lasnitzenhütte

**Anfahrt:** **Bus** bzw. **Auto** von Matrei (Felbertauernstraße ab Mittersill, Straße von Lienz) durch das Virgental bis Prägraten

**Unterkunft:** Bergerseehütte: Tel. 0663/433 83 33 (25 Lager); Lasnitzenhütte: Tel. 04877/5267 (12 Betten, 8 Lager)

Die Wanderung beginnt in **Prägraten** an der Brücke über die Isel (Parkplätze) unterhalb des westlichen Ortseinganges. Bei der Gabelung unmittelbar jenseits des Flusses halten wir uns geradeaus (links) und queren wenige Minuten später auf die andere Seite des oberhalb steil in den Hang eingeschnittenen Zopatnitzenbaches. Ein Steg führt 200 m weiter wieder auf die in Fließrichtung gesehen rechte Seite des Baches, wir folgen ihm und finden uns an einer Gabelung. Rechts, steil aufwärts, verläuft unser Fußweg. Die nächsten zwei Stunden verlassen wir den Wald nicht mehr. Der Hang wird nach guten eineinhalb Stunden etwas flacher, aber erst eine halbe Stunde später queren wir eine Lichtung. Der Weg wird kurzfristig wieder steiler, erst bei den Almwiesen unter dem Bergerkogel lehnt sich der Berg wieder zurück. Beim sogenannten **»Wetterkreuz«** (2.15 Std.) mündet unser Aufstiegsweg auf einen Querweg: Es ist der markierte Verbindungsweg von der Bergeralm zum Bergersee, wir schlagen ihn nach rechts ein. (Gingen wir geradeaus und bergan weiter, kämen wir auf den Berger Kogel, was aber eine Verlängerung unserer Tour um 2.30 Stunden bedeutete.)

Der am Wetterkreuz eingeschlagene Weg führt in südwestlicher Richtung auf den Lasörling zu, den höchsten Berg der Lasörlinggruppe. Unter uns liegt rechts das Zopatnitzental mit dem blitzenden Bachlauf und der deutlich erkennbaren Wegspur – die meisten Besucher des Bergersees verwenden diesen nicht sehr abwechslungsreichen Weg. Dann erreichen wir das Kar, den **Bergersee** und die **Bergerseehütte** auf dem absperrenden Felsriegel (2.45 Std.). Sie wird, das ist selten geworden, ausschließlich auf dem Zugangsweg versorgt: ein Sherpa (ja, richtig gelesen) macht den Weg von und nach Prägraten alle paar Tage mit dem Tragtier. Sherpas sind auf österreichischen Berghütten keine Seltenheit mehr. Die Männer und – seit einer Initiative des ÖAV – Frauen aus dem Himalaya nutzen den Aufenthalt nicht nur zum Geldverdienen, sondern vor allem zum Sprachenlernen und zum Erwerb eines besseren Verständnisses für die Wünsche ihrer Klienten, das sie benötigen, wenn sie erst wieder zu Hause als Bergführer und/oder Hüttenwirt tätig sein werden.

Man kann den See umwandern, es wird auch immer wieder gebadet, obwohl er so hoch liegt, wärmt er sich im Sommer an flachen Stellen ganz gut auf (ausreichend jedenfalls für abgehärtete Bergfexe).

Der **Muhs-Panoramaweg** beginnt an der Bergerseehütte und führt sanft ansteigend durch die Wiesenhänge unter dem Muhsköpfl. Die Blumenvielfalt ist von Anfang an beeindruckend, die Ausblicke werden von Schritt zu Schritt fantastischer. Höhepunkt ist die flache Wiesenzone der **Zopatnitzenalm,** die man knapp nach einer Hütte erreicht (3.15 Std.). Das Panorama reicht von den benachbarten Gipfeln der Lasörlinggruppe (der Lasörling selbst ist verdeckt) zur Venedigergruppe im Alpenhauptkamm, man erkennt (von links nach rechts): Rötspitze, Malhamspitzen, Simonyspitzen, Großen Happ (der sich vor den Großen Geiger schiebt), Rote Säule über der Sajathütte (sie verdeckt den Großvenediger), Kreuzspitze, Säulkopf und Ochsenbug. Jenseits der Muntanitz- und Granatspitzgruppe ist der höchste Gipfel der Glocknergruppe und Österreichs zu sehen: der Großglockner mit der Glocknerwand. Da zieht sich die Pause natürlich in die Länge ...

Der Panoramaweg führt nun wieder taleinwärts. Ein Abstecher zum Muhsköpfl mit Venedigerblick wäre möglich, da wir aber ab der Lasnitzenalm den Großvenediger eine Zeitlang gut sehen, lohnt sich das vielleicht nicht. Die Abzweigung des Weges zur Galteggscharte und zum Bergersee wird passiert, dann ein steiler Abstiegsweg zur unter uns schon sichtbaren Lasnitzenalm. Wir

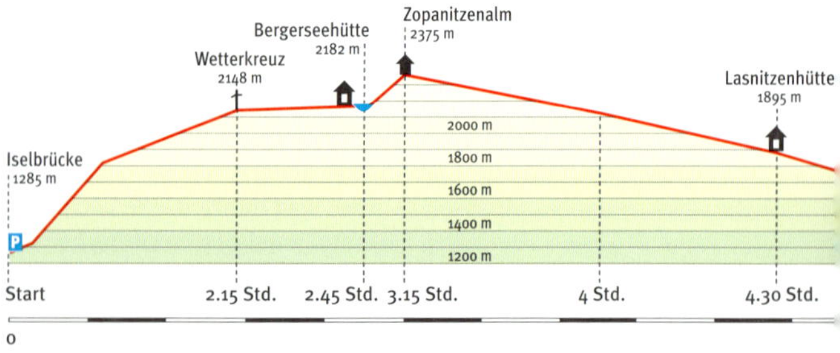

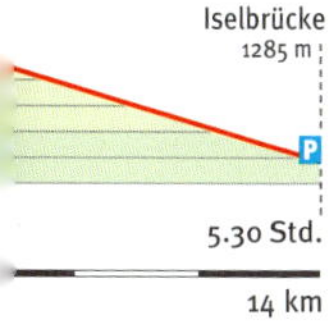


gehen etwa hangparallel oder leicht absteigend weiter bis in den Talschluss (4 Std.), die eigentliche Lasnitzen, dort erst wenden wir und gehen rechts vom Bach talauswärts weiter. Der Weg ist hier breit, man ist froh darüber, denn es geht steil hinunter zum Wasserlauf.

Bei der Lasnitzenalm mit dem Gasthof **Lasnitzenhütte** (4.30 Std.) erreichen wir die Straße, der wir noch 5 Min. entgehen können, wenn wir den Weg nehmen, der links vom

Haus an der Terrasse beginnt. Aber dann eben doch Straße, ein befestigter Fahrweg eigentlich nur, der ohne große Überraschungen zur Brücke über die Isel und nach **Prägraten** hinunterführt (5.30 Std.). Wie schön, dass man die ersten paar hundert Meter den Blick auf den Großvenediger hatte, das entschädigte selbst einen noch längeren Straßenhatscher.

*Die Bergerseehütte am Bergersee*

# Schlucht und Berg

## Durch die Iselschlucht und auf die Bergeralm

Diese Tour verbindet Schluchtwanderung, steilen Waldaufstieg und blumenreiche Almwiesen zu einem Erlebnisbouquet vom Feinsten. Dass auf der Bergeralm besonders freundliche Bewirtung wartet, ist das Tüpfelchen auf dem i.

### DIE WANDERUNG IN KÜRZE

++
Anspruch

3.30 Std.
Gehzeit

650 m
An-/Abstieg

**Charakter:** Wegen des sehr steilen Anstiegs auf streckenweise schlechtem Steig mittelschwere, technisch jedoch leichte Almwanderung

**Wanderkarten:** ÖK 152 Matrei in Osttirol, F&B 123 Matrei Defereggen Virgental, Kompass 38 Venedigergruppe Oberpinzgau

**Einkehrmöglichkeiten:** Bergeralm (einfache Brotzeiten)

**Anfahrt:** Mit dem **Bus** oder **Auto** über die Felbertauernstraße von Osttirol oder Salzburg nach Matrei und weiter ins Virgental bis Virgen. Mit dem Auto fährt man von dort über Niedermauern und Gries nach Welzelach. Busfahrer gehen zu Fuß von Virgen auf markiertem Wanderweg (»Iselschlucht«) zum Ausgang der Iselschlucht und nach Welzelach (1 Std.).

Im Weiler **Welzelach** bleibt man bei der Straßengabelung auf dem rechten Straßenast, die zum Ort hinaufführende Straße wird nicht beachtet. Man passiert das ehemalige Gasthaus March und findet sich bei einer Gabelung: Links führt die asphaltierte Straße zu den Häusern von Berg hinauf, rechts und hangparallel führt ein Fahrweg weiter, der in die Iselschlucht hineinleitet. Leider ist die Straße durch die Schlucht eine Zumutung, die Straßenerweiterer haben auf die rechte, der Schlucht zugewandte Seite einen mannshohen Bretterzaun gesetzt, der die Aussicht blockiert. Erst bei einem Wasserwerk wird es besser, die Sicht hinunter auf die von der Isel durchtoste Wald- und Felsenschlucht bleibt aber weiterhin beeinträchtigt. Leider hat man auch vom Wanderweg auf der anderen Seite der Schlucht (Bobojach/Stein–Obermauern) an keiner Stelle einen Blick in die Schlucht.

Am Ende unseres Weges durch den engsten Teil der Schlucht liegt am anderen Flussufer die Ortschaft Bobojach. Eine Holzbrücke lassen wir rechts liegen und steigen auf einem schmalen Fußweg, der auf unserem Ufer weiterführt, in den Wald hinein. Mehrere kleine Rinnsale und Bäche müssen gequert werden. Der Steg über den Bach an der höchsten Stelle dieses Tourenabschnittes ist bei Regen nicht ungefährlich: Der

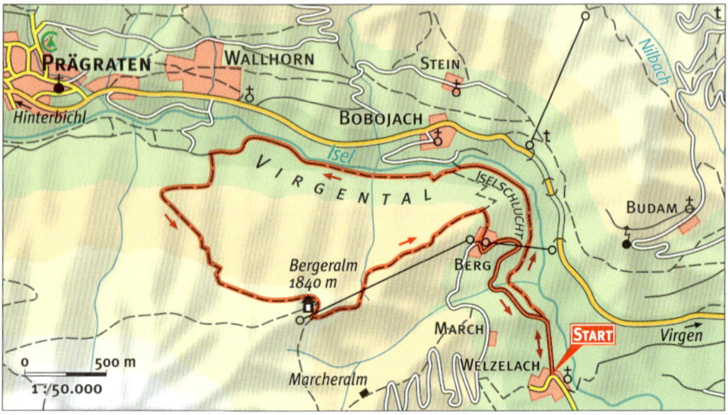


Handlauf befindet sich auf der Bergseite und der Steg hängt zum Fluss, zu dem es sehr steil hinuntergeht, etwas durch. Also Vorsicht!

Der Weg mündet auf einen verwachsenen Fahrweg, der in eine Forststraße übergeht. Bei einer kleinen Lichtung geht links ein Fahrweg ab, dem wir folgen (45 Min.). Er führt am Waldrand entlang, wo wir 5 Min. später – noch vor dem Sportplatz, den wir schon rechts vor uns erkennen können – einen nach links in den Wald hinein führenden Fußweg entdecken. Dieser Fußweg ist eine steile Angelegenheit, immer durch Wald führend, im Abstieg möchte man ihn lieber nicht machen. Bei einer Verflachung im Wald, wo man ein paar schöne Blicke durch die Lärchen hindurch zur Venedigergruppe jenseits des Virgentales hat, ist es nicht mehr weit bis zur Bergeralm. Bei den Trampelpfaden, die hier die Streckenführung verwischen, muss man im Auge behalten, dass sich die Bergeralm halblinks über uns befindet. Man nehme im Falle des Abkommens vom markierten Weg den jeweils höchsten der nach links führenden Trampelpfade durch den lockeren Lärchenwald und steht bald darauf auf den Weiden um die Hütten der **Bergeralm** (2.30 Std.).

Die Wiesen um die Bergeralm, besonders jene auf dem Weg in Richtung Bergersee, sind voll von Blumen. Wahrscheinlich sind Fülle und vor allem Vielfalt auf die Kalkbeimischung im Boden zurückzuführen, die sonst in den Tauern selten ist. Wie kalkreich das Gelände hier ist,

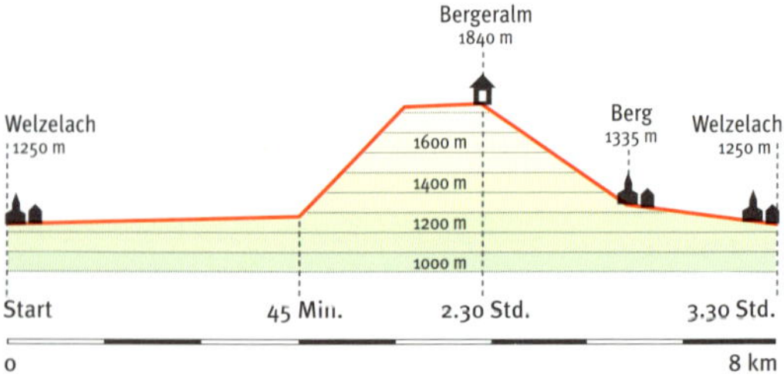

*Die Hütten der Bergeralm*

konnte man schon an den Bachbetten nach dem Passieren der Iselschlucht erkennen: einige von ihnen hat abgelagerter Kalksinter völlig mit einer gelbweißen Schicht überzogen.

Nach ausgiebiger Rast, Wiesenspaziergang und Bewunderung des Panoramas muss man dann doch absteigen. Das erfolgt auf dem zwischen den Almgebäuden beginnenden Fußweg, der zunächst über die Wiesen und Weiden der Alm, dann durch Hochwald, aber immer in der Nähe der Hangkante zur Iselschlucht hinunterläuft. Wir folgen ihm bis zur Gabelung, die wir bei den Wiesen oberhalb des Weilers Berg antreffen, wenden uns auf den Weg nach rechts und haben ab **Berg** die asphaltierte Straße unter den Füßen, die uns nach **Welzelach** und zum Ausgangspunkt zurückführt (3.30 Std.).

Tour 22

# Almenwege unter der Designerhütte

**Vom Virgental über Bergeralm und Klatzachalm zur Lasörlinghütte**

Ein lange Wanderung, aber so abwechslungsreich, dass man das kaum merkt. Zuerst Almen, dann Talweg, dann das Kar mit der Hütte – und nach der Jause läuft man sowieso wie von selbst zurück ins Virgental.

## DIE WANDERUNG IN KÜRZE

++
Anspruch

8.30 Std.
Gehzeit

1200 m
An-/Abstieg

**Charakter:** Wegen der Länge mittelschwere, technisch aber einfache Tour, die bis in den hochalpinen Bereich führt. Almfahrwege, Wege und hochalpine Steige, eine Stelle versichert, Trittsicherheit nötig

**Wanderkarten:** ÖK 152 Matrei + 178 Hopfgarten in Defereggen, F&B 123 Matrei Defereggen Virgental, Kompass 38 Venedigergruppe Oberpinzgau oder 45 Defereggental Lasörlinggruppe

**Einkehrmöglichkeiten:** Bergeralm, Lasörlinghütte

**Unterkunft:** Lasörlinghütte: Tel. 0663/975 88 99 (40 Betten, 25 Lager, Mitte Mai– Mitte Okt.)

**Anfahrt:** Mit **Bus** oder **Auto** über die Felbertauernstraße von Osttirol oder Salzburg nach Matrei, Straße ins Virgental bis Virgen, weiter auf der asphaltierten Straße über Niedermauern und Gries nach Welzelach. Zu Fuß von Virgen auf markiertem Wanderweg (»Iselschlucht«) zum Ausgang der Iselschlucht und nach Welzelach (1 Std.).

In **Welzelach** nimmt man das an der Kapelle vorbeiführende asphaltierte Sträßchen nach Berg (30 Min.), die Abzweigung des direkten Wanderweges zur Marcheralm bleibt links. In **Berg** wendet man sich unter zwei Hofzufahrten hindurch und an der Talstation der Materialseilbahn zur Bergeralm vorbei nach rechts und auf den links aufwärts abzweigenden Steig zur Bergeralm (Schild). Bei der Gabelung auf dem kurz darauf erreichten Rücken wenden wir uns nach links. Der Weg führt über einen dicht bewaldeten Rücken in Kehren aufwärts. Ab und zu berührt man den Steilhang zur Iselschlucht, dann wieder geht man im weniger steilen Hang, der von Berg herauf zieht. Bereits im zweiten Teil des Anstiegs quert man im Steilhang zweimal einen von Kalkablagerungen gelbweißlichen Bachlauf und erreicht dann die Wiesen der Bergeralm. Man quert sie nach rechts und steht bald darauf bei der **Bergeralm** (2 Std.).

Unterhalb der oberen der beiden Almhütten führt ein Steig nach links

Richtung Marcheralm weiter, der die feuchten Weiden und Grünerlenbestände des Talschlusses quert. Dabei muss man etwas absteigen, denn die Marcheralm liegt 100 m tiefer als die Bergeralm. Auf der **Marcheralm** (2.30 Std.) erreicht man einen Fahrweg, dem man zunächst aufwärts folgt, den man aber knapp nach der ersten Rechtskurve wieder auf einem Steig nach links verlässt (Schild). Der flott, aber nicht sehr steil trassierte Steig – ein Viehtriebweg für die Almen – führt durch teil-

*Die Lasörlinghütte verbindet moderne Formen mit traditioneller Bauweise*

weise bewaldete Hänge hinauf zu den Böden der **Klatzachalm,** die man, an einem Brunnen vorbei, erreicht (3.15 Std.).

Die folgende, direkt hinter den Almgebäuden beginnende Passage führt ziemlich flach durch sehr steiles Gelände und ist an zwei Stellen gesichert, technisch unschwer, aber etwas ausgesetzt. Dort, wo sie wieder weniger steiles Almgelände erreicht, führt sie weiterhin fast ohne Höhenverlust weiter, um dann aber plötzlich fast weglos, wenn auch zunächst gut durch rot-weiße Streifen auf einzelnen Steinen markiert, steil abwärts zu führen. Dieser Wegabschnitt knapp oberhalb der Almstraße durch das Mullnitztal weist leicht nach links, er ist im allerletzten Stück nicht ganz deutlich markiert, wenn man hier die Markierung verliert, muss man einfach in der Falllinie zur Straße hinunter gehen.

Auf der Talstraße wendet man sich nach rechts und geht unter der nahen **Raineralm** vorbei bis zum Beginn der **Materialseilbahn**. Hier führt ein guter Steig weiter durch den Steilaufschwung und hinauf zur

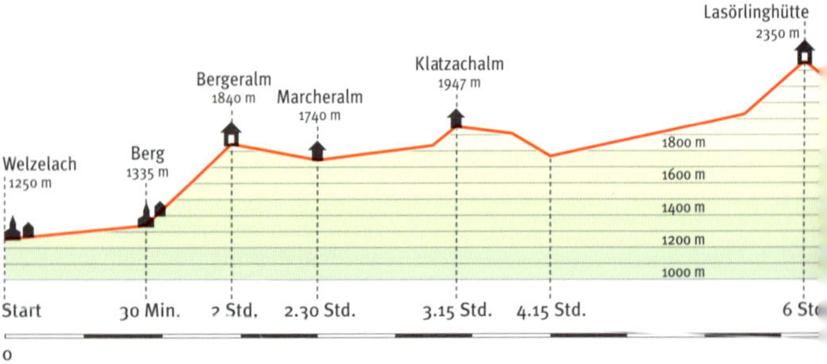

**Lasörlinghütte** (6 Std.). Der interessante private Hüttenbau hat nicht die übliche rechteckige Form, sondern wurde auf dem Grundriss eines regelmäßigen Achtecks errichtet. Der Zentralbau wirkt keineswegs als Fremdkörper in der Gebirgslandschaft, das Architekturdesign wirkt vielmehr so vertraut, so ›richtig‹, dass man meint, man müsse schon Hütten dieses Typs gesehen haben. Wahrscheinlich assoziiert man unterbewusst die Form des Profils, das graue Zeltdach auf dem braunen Sockel, mit den Profilen der Berge, gegen die man die Hütte betrachtet. Die braunen Schindeln der Außenwände, die graue Dachbedeckung und die rot-weißen Fensterläden geben der Hütte einen freundlichen Eindruck.

Der Abstieg erfolgt zunächst auf dem Aufstiegssteig und dann zur Gänze auf der Straße durch das Mullnitztal, die nur für Anrainer geöffnet ist. Erst knapp oberhalb des Iseltales existiert noch ein Stück des alten Fahrwegs, der den letzten steilen Hang hinunter zurück in den idyllisch gelegenen Weiler **Welzelach** führt (8.30 Std.).

## Der Lasörling-Höhenweg

Während der Venediger-Höhenweg nur von erfahrenen Bergsteigern und mit kompletter Gletscherausrüstung gegangen werden kann, ist der ebenfalls im Nationalpark Hohe Tauern gelegene Lasörling-Höhenweg für jeden Bergwanderer zu schaffen, der sich Touren im Hochgebirge zutraut. Man beginnt in Matrei, nimmt den Weg zur Zunig- und Arnitzalm (s. Tour 24), quert hinüber zur Wetterkreuzhütte und von dort zur Zupalseehütte und Merschenalm (s. Tour 23). Über die Merschenhöhe erreicht man die Lasörlinghütte, die wir auf Tour 22 vom Tal aus ansteuern. An der Lasörlinghütte beginnt der schwierigste Teil, er ist bei Altschnee erst ab Mitte Juli zu gehen: über das Prägrater Törl und die Michlbachscharte zum Kleinbachboden, wo wir auf Tour 19 zur Reichenberger Hütte stoßen. Von dort geht man über die Daberlenke ins Umbaltal (dieser Weg hat ebenfalls oft bis spät in den Sommer hinein steile Altschneefelder, im Jahr 2001 wurde von den Hüttenwirten der Reichenberger wie der Clarahütte noch Ende Juli von der Begehung abgeraten). Im Umbaltal ist man im Bereich von Tour 14, der Lasörlingweg endet an deren Endpunkt, dem Weiler Ströden im Virgental.

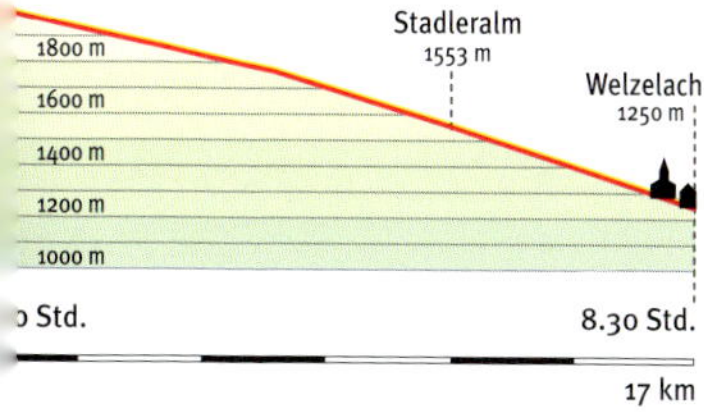

Tour 23

# Almrausch und Buttermilch

## Von der Wetterkreuzhütte zu Zupalseehütte und Merschenalm

Genusstour mit drei Einkehrmöglichkeiten, im Hochsommer leuchtend rote Almrauschhänge, Tiere auf der Weide, frische Butter, selbst gebackenes Brot, Almkäse und Buttermilch, ein Seelein und jede Menge Wasser zum Pritscheln: eine Tour für die ganze Familie.

### DIE WANDERUNG IN KÜRZE

**+** Anspruch

**6 Std.** Gehzeit

**250 m** An-/Abstieg

**Charakter:** Leichte Almwanderung auf Almsträßchen und guten Steigen. Der erste Teil bis zur Zupalseehütte (3.30 Std.) ist besonders einfach und auch für Familien mit kleinen Kindern geeignet – Kinder an der Reepschnur halten!

**Wanderkarten:** ÖK 178 Hopfgarten in Defereggen, F&B 123 Matrei Defereggen Virgental, Kompass 38 Venedigergruppe Oberpinzgau oder 45 Defereggental Lasörlinggruppe

**Einkehrmöglichkeiten:** Wetterkreuzhütte, Zupalseehütte, Merschenalm

**Anfahrt:** Von der Felbertauernstraße per **Bus** oder **Auto** über Matrei ins Virgental bis Virgen, von dort Taxi zur Wetterkreuzhütte (Tel. 04874/5244 oder 5555, ab 7 Uhr zu jeder vollen Stunde, unbedingt vorbestellen und auch für die Rückfahrt reservieren)

**Unterkunft:** Wetterkreuzhütte: Tel. 0664/156 91 87 (unbedingt reservieren); Zupalseehütte: Tel. 0664/156 91 87 (30 Betten u. Lager, Mitte Juni–Mitte Okt.)

Das ist eine richtige Genusswanderung: Man beginnt bereits im Zwergstrauchgürtel und muss kaum Höhenunterschiede überwinden, die Ausblicke sind großartig und die Einkehrmöglichkeiten mehr als ausreichend. Das Taxi zur Wetterkreuzhütte fährt zuerst durch Fichten-, dann durch Lärchenwald. Bei der **Wetterkreuzhütte** lichtet sich der Wald: Wir

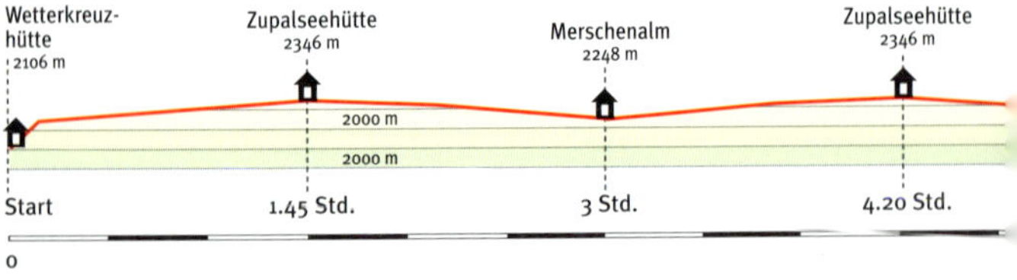

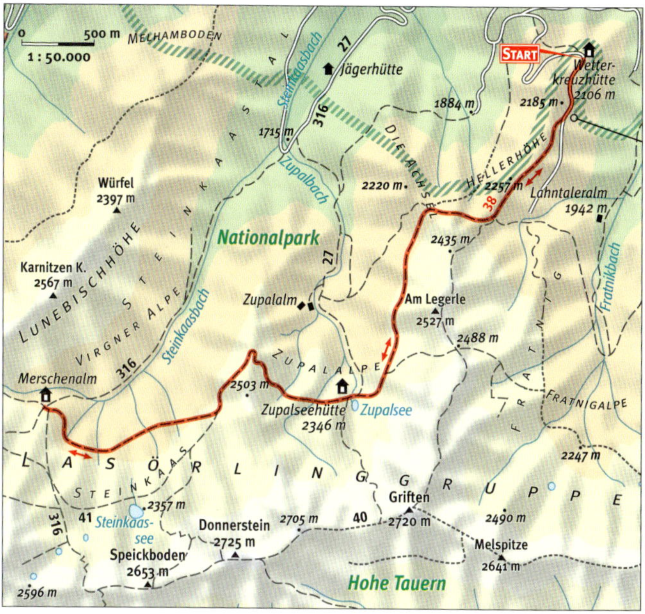


sind bereits in der Kampfzone, in der nur noch wenige Baumexemplare überleben können, und auch sie meist nur in Krüppelform. Erst ab hier hat man Ausblicke auf die Umgebung. Vom Parkplatz zur Hütte, dann rechts auf einen Almfahrweg (Schilder: »Zupalseehütte 1 1/2 Std., Merschenalm 2 1/2 Std.«, das ist für viele Wanderer etwas zu knapp gegriffen). Nach 5 Min. zweigt zuerst ein Steig, dann ein weiterer Fahrweg nach rechts ab (der Steig mündet in den Fahrweg), er führt uns auf einen schmalen Rücken zwischen Fratniktal (links) und Steinkastal (rechts).

Der Fahrweg wird allmählich schmaler, stößt an einen steilen Aufschwung und gabelt sich (45 Min.), wir wenden uns rechts in einen mäßig steilen, fast komplett von Almrosengebüsch bestandenen Hang. Ein breiter Almweg führt durch ihn hindurch und auf einen grasigen Rücken. Den Steig, der nach rechts abwärts ins Steinkastal führt, beachten wir nicht. Die beiden übereinander gelagerten Zupal-Kare kommen in Sicht, die Almhütte liegt im unteren, die Zupalseehütte im oberen Kar. Im weiten Bogen gehen wir den Rand des Kars aus und erreichen, nachdem wir den kleinen **Zupalsee** unterhalb passiert haben (er ist etwas aufgestaut), die gemütliche **Zupalseehütte** (1.45 Std.).

Für viele Wanderer ist jetzt Schluss, und warum auch nicht, zumal der zweite Teil unserer Tour ei-

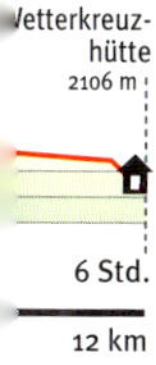

*Schlechtes Wetter bei der Merschenalm*

nen Hauch anstrengender ist, denn nun geht es auf einem Steig weiter, bei dem man auf seine Schritte achten muss. Man geht wieder vor zum See und wendet sich dort nach rechts. Der Steig führt über die welligen Böden der Zupalalm mit ihren zahlreichen kleinen Lacken zu einem westlich etwas oberhalb gelegenen Rücken (2.20 Std.). Man sieht von hier aus schon die nächste Einkehrmöglichkeit, aber es dauert noch fast ein Dreiviertelstündchen, bis man nach einer kurzen ansteigenden Passage den gegenüber liegenden Rand des Kares und die Almhütte der **Merschenalm** erreicht hat (3 Std.). Gelegenheit zur Jause: Almbutter, Milch und Buttermilch, Speckbrot, Kasbrot – einfache, köstliche Genüsse.

Zurück auf dem selben Weg zur **Wetterkreuzhütte** (6 Std.).

## Abstieg nach Virgen

Gute Marschierer, herhören: Von der Merschenalm zweigt der Weg durch das Steinkastal hinunter nach Virgen ab. Man geht etwa 3 Std., der Steig ist gut markiert, bei Erreichen der Forststraße ist der linken Variante über die Thunalm der Vorzug zu geben.

# Kulinarische Almen

## Von Guggenberg ob Matrei zur Arnitzalm und Zunigalm

Die traditionelle Kost auf der Alm ist nicht der einzige Genuss auf dieser gemütlichen Tour. Der Blick ins Arnitzkar und zwischen den beiden Almen der lichte Lärchenwald mit seinem Almrausch-Unterwuchs können damit locker konkurrieren.

### DIE WANDERUNG IN KÜRZE

\+ Anspruch

4.15 Std. Gehzeit

700 m An-/Abstieg

**Charakter:** Leichte Tour auf guten Wegen und Forststraßen

**Wanderkarten:** ÖK 178 Hopfgarten im Defereggen, F&B 121 Defereggen und Virgental, Kompass 38 Venedigergruppe Oberpinzgau sowie 45 Defereggental Lasörlinggruppe

**Einkehrmöglichkeiten:** Arnitzalm, Zunigalm

**Anfahrt:** Mit dem **Auto:** Auf der Felbertauernstraße nach Matrei und weiter ins Virgental. 2 km nach dem Ortszentrum von Matrei zweigt die Straße nach Waier, Bichl und Guggenberg ab. In Guggenberg fährt man nicht bis zu den letzten Häusern, sondern parkt am Waldrand etwas unterhalb (Ruhebank). Zum Taxiwendeplatz 20 Min. unterhalb der Arnitzalm fährt das Matreier Almentaxi (Tel. 0664/431 16 85)

**Unterkunft:** Zunigalm: Tel. 0663/05 90 63 (16 Lager, Sommer, Anmeldung erbeten)

Die Ortschaft **Guggenberg** ist ein Weiler auf den Hügeln südwestlich oberhalb Matrei. Wie Bichl, Waier und Ganz liegt sie auf der verkehrsarmen Seite am Eingang des Virgentals, besteht nur aus einigen alten Höfen und den üblichen Neubauten in einem Geflecht noch benutzter Fuhr- und Fußwege. Von Guggenberg aus startet unser gemütlicher Wandertag, Ein Getränk im Gepäck genügt, man will sich ja den Appetit für die Rasten auf Arnitz- und Zunigalm aufheben.

Wir gehen auf dem Sträßchen weiter, das durch den Ort führt, beim letzten Haus von Guggenberg aber nach links auf einen geschotterten Fuhrweg (Hinweistafeln). Sowie man in den Wald eintritt, steigt der Weg flott an. Bei einer Gabelung (30 Min.) hält man sich rechts auf den durch ein Schild als »Abkürzung Arnitzalm« gekennzeichneten Fuhrweg. Nun geht es in immer gleicher Richtung weiter durch Wald, Abzweiger werden nicht beachtet (Markierungen fehlen auf diesem Stück). Nach einem Gatter queren wir eine Wiese, die, wie uns ein Schild belehrt, bereits in der Außenzone des Nationalparks liegt (1 Std.).

Ein Almgebäude kündigt die Arnitzalm an. Dahinter verläuft eine Almerschließungsstraße, die wir nach rechts nehmen und im großen Bogen hinüber zur eigentlichen **Arnitzalm** wandern (1.45 Std.). Nun also lange Rast und große Jause: Polsterzipf (ein Schmalzgebäck) mit Sauerkraut, Hauswürstel mit viel lokalem Wacholder als Würzung, Kaiserschmarrn mit »Arnitz Grantn« (Preiselbeeren) und Graukäs, ein hausgereifter Käse. Oder einfach die Almmilch, die Buttermilch, ein Brot mit der Almbutter. Vor der Hütte an den Holztischen mit Blick auf Arnitzkar, Großen Zunig (2776 m) und die anderen Gipfel.

Wenn man sich also losgerissen hat, geht es zunächst auf der Almerschließungsstraße zurück, auch an dem Gebäude vorbei, bei dem wir heraufkamen. Auch den Ganitzleweg zur Zunigalm lassen wir rechts liegen (es sei denn, wir seien noch sehr unternehmungslustig, er ist leicht und aussichtsreich). Aber dort, wo eine schwache Viertelstunde nach dem Aufbruch ein markierter Weg nach rechts in den Wald und zur Zunigalm weist, vertrauen wir uns ihm an. Dieser Steig führt durch wunderschönen, lichten Lärchenwald, der Unterwuchs wird von Almrausch gebildet, wie das nur in den höchsten Lagen unterhalb der Waldgrenze der Fall ist, denn der Almrausch, ein Zwergstrauch, braucht viel Sonne, und kann normalerweise unter Bäumen nicht gedeihen.

Bei der **Zunigalm** (2.45 Std.), die mit ihrer wunderbaren Aussicht auf die Matreier Talschaft und die Muntanitzgruppe jenseits der Isel überrascht, gibt es nochmals Gelegenheit zu Schlemmereien. Auch hier Bratwürstl, Speck, Käse, Butter und Milch aus eigener Herstellung, dazu ein delikater Apfelstrudel mit eigenem Schlagrahm und ein Heidelbeeromelett mit den Blaubeeren aus dem Wald nebenan.

Unmittelbar vor der Hütte verläuft ein schmaler Steig abwärts durch die Wiese und in den Wald. Er führt etwas nach links in Richtung eines Tälchens, dann wieder rechts, berührt fast die zur Zunigalm führende Forststraße und mündet schließlich in eine hangparallele, schon etwas ältere Forststraße. Dieser folgt man nach links, bei Gabelungen hält man sich rechts und erreicht so die Aufstiegsroute und **Guggenberg** (4.15 Std.).

## Die St. Nikolauskirche in Glanz

Glanz ist uralter Siedlungsboden, die dortige romanische Kirche St. Nikolaus steht sicher auf wesentlich

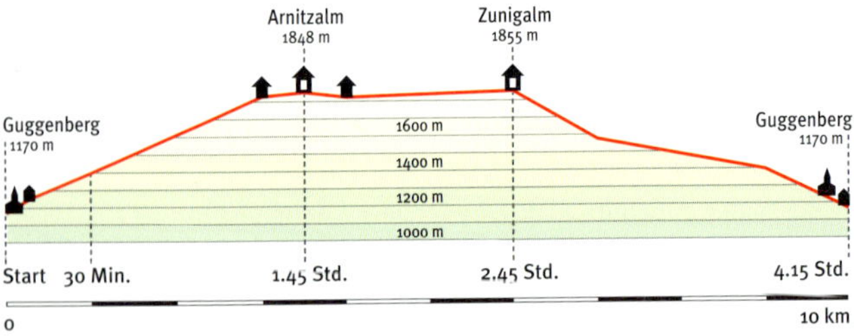

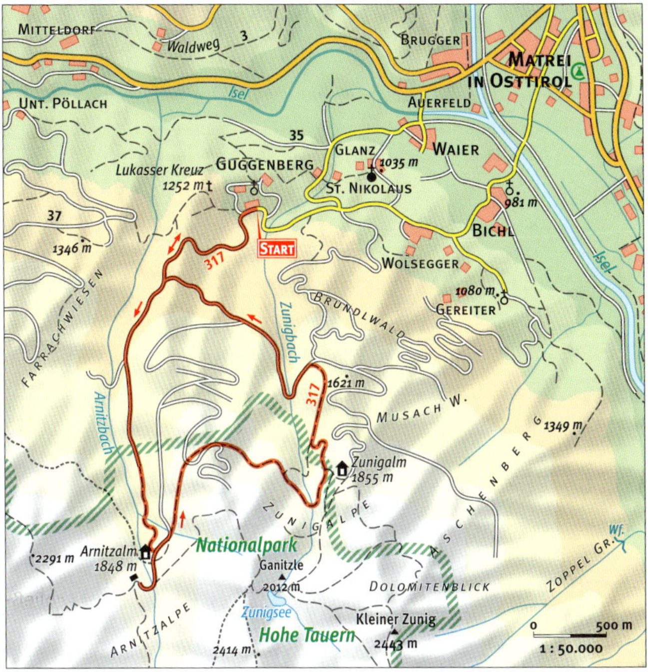


älteren Vorgängern. Die von außen unscheinbare, allein stehende Kirche enthält im Inneren einen überraschenden Schatz: Der zweigeschossige Chorraum ist mit den originalen romanischen Fresken (Ende 13. Jh.) vollständig erhalten, während das Schiff gotisiert wurde. Im Unterchor (Nikolauskapelle) sieht man Szenen der Nikolauslegende von einem einheimischen Maler des Ostalpenraumes. Im Oberchor, der sogenannten Georgskapelle, hat ein Wanderkünstler aus Padua eine Darstellung des Himmlischen Jerusalem geschaffen, die neben Civate bei Como (San Pietro al Monte) und Schwarzrheindorf (St. Maria und Clemens) zu den bedeutendsten romanischen Freskendarstellungen dieses Themas gehört. Die Stadtarchitektur des »Himmlischen Jerusalem« und die Ikonographie der dargestellten Personen haben jedoch mit Schwarzrheindorf und Civate weniger zu tun, sondern erinnern deutlich an Darstellungen aus dem »Admonter Missale«, ein im Stift Admont geschaffenes romanisches Messbuch. Da während der Romanik nicht nach eigenwilligen, sondern nach allgemein gültigen Bildlösungen gesucht wurde, ist es wahrscheinlich, dass beide auf dieselbe Wurzel zurückgehen – es ist bekannt, dass manche Buchillustration regelrecht die Runde machte, um immer wieder kopiert zu werden. Wo sich das gemeinsame Vorbild befand, ob es eine Bilddarstellung in einem Buch, ein Fresko oder ein anderes Kunstwerk war, ist allerdings nicht bekannt.

# Wege der Bergbauern

## Oberseite und Blumenweg von Sankt Jakob in Defereggen

Der »Blumenweg« auf der Oberseite über Sankt Jakob in Defereggen führt durch heute nicht mehr gemähte Bergwiesen. Wie hart und gefährlich die Arbeit hier war, kann sich der Almbummler von heute kaum noch vorstellen.

### DIE WANDERUNG IN KÜRZE

**+** Anspruch

**7 Std.** Gehzeit

**950 m** An-/Abstieg

**Charakter:** Leichte Wanderung auf alpinen Wegen und Steigen, einige Abschnitte auf Fahrwegen; der Abstieg zur Oberseite ist etwas anstrengend

**Wanderkarten:** ÖK 177 Sankt Jakob in Defereggen + 178 Hopfgarten in Defereggen (nur ein sehr kleiner Teil der Tour), F&B 123 Matrei Defereggen Virgental, Kompass 38 Venedigergruppe Oberpinzgau oder 45 Defereggental Lasörlinggruppe

**Einkehrmöglichkeiten:** Seespitzhütte, Almmilch auf der Reggnalm

**Anfahrt:** Mit **Bus** oder **Auto:** Auf der Felbertauernstraße von Mittersill bzw. von Lienz bis Matrei-Huben (dort umsteigen) und weiter ins Defereggental bis Sankt Jakob in Defereggen.

**Unterkunft:** Seespitzhütte: Tel. 0663/975 44 50 (13 Lager, Sommer)

In **St. Jakob** wendet man sich von der Touristeninformation an der Hauptstraße zur nahen Brücke über den Trojeralmbach, wo das Sträßchen in das Trojeralmbachtal beginnt. Da wegen irgendwelcher Rechtsstreitigkeiten der direkte Weg am Anfang der Engstrecke gesperrt (aber gangbar und begangen) ist, wendet man sich nach 500 m nach rechts auf das

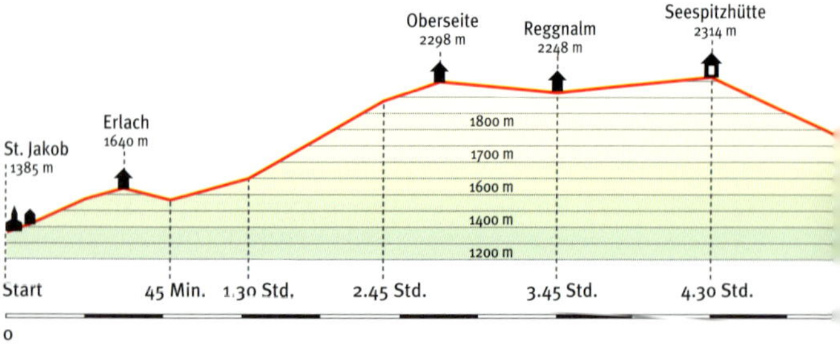

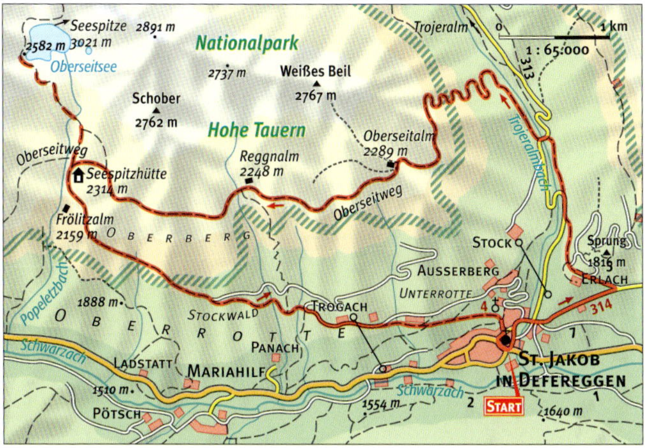


schmale Sträßchen nach Tögisch. Nach einer S-Kurve klettert es den bewaldeten Südhang der Lasörlinggruppe hinauf, wir folgen ihm bis zur Abzweigung der Zufahrt zum Erlachhof (erste Abzweigung links). Dort angekommen, nehmen wir den hier rechts abgehenden, beschilderten Weg (»Trojeralm«), der nach kurzem Anstieg ins Trojeralmbachtal hineinführt und bei einer Brücke in die dortige Staubstraße mündet (45 Min.). Jenseits liegt eine rekonstruierte Getreidemühle, unser Weg, ein schmaler Steig durch Wald und über Wiesen, führt aber noch vor der Brücke talaufwärts nach rechts.

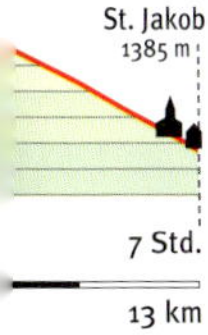


Man erreicht wieder die Straße und bleibt zunächst auf ihr. In einer scharfen Rechtskurve gehen wir auf einem verwachsenen Fuhrweg geradeaus weiter bis zu einem Steg (1.30 Std.). Hier wird der Trojeralmbach gequert, jenseits geht es auf einem schmalen Steig in Serpentinen in den Hang hinein. An der ersten Verflachung des Hanges empfängt uns ein Schild und signalisiert uns, dass wir nun die Außenzone des Nationalparks erreicht haben. Die begleitende Broschüre des Österreichischen Alpenvereins kommt jetzt gut an, denn sie erklärt die wenigen Bezeichnungen und die Ziffern auf den Pflöcken dieses Lehrweges.

Viele Kehren weiter schwenkt der Steig noch einmal nach links (2.45 Std.), dann erreicht er durch ein schmales Zirbenwäldchen die Hochalmen der **Oberseite.** Nun erst öffnet sich das Panorama der Defereggengruppe (auch Villgratner Berge genannt), wir können es in voller Ausdehnung kurz vor und dann die ganze Zeit über nach der **Oberseitalm** bewundern. In einer der nächsten Mulden passiert man einen

*Brotzeit auf der Oberseite*

leicht rot gefärbten Bach, der im Frühjahr manchmal einen Teich aufstaut, die »Rostlacke«.

Schließlich kommt man zur **Reggnalm** (3.45 Std.), wo Almmilch ausgeschenkt wird. Danach steigt der Weg etwas und überwindet einen Hang mit riesigen Lawinenverbauungen. Oberhalb geht es fast flach weiter. Die Wiesen stehen hier erst Ende Juli in voller Blüte; wer früher kommt, erwischt noch den kargeren Frühjahrsaspekt mit Alpenanemone (weiß, seltener gelb) und Frühlingsenzian, auch der Stengellose Enzian blüht recht früh. Kohlröserl, Mückenhändelwurz, Bergnelkenwurz, aber auch die hoch aufgeschossenen Fruchtstände der Alpenanemonen charakterisieren den Sommer. Ferkelkraut, Herbstenzian und Arnika dominieren das frühherbstliche Kleid dieser Wiesen, die letzten Enzianblüten und die Silberdisteln halten sich bis spät in den Herbst hinein und zu den ersten Schneefällen.

Der **Seespitzhütte** (4.30 Std.) auf der Frölitzalm, die im nächsten Kar liegt, traut man zunächst gar nicht zu, dass mehr als nur ein paar Leute hineinpassen. Erst auf den letzten Metern des Zugangs erkennt man, dass sie doch recht groß ist, und sogar bis zu 13 Wanderer über Nacht beherbergen kann. Gutes Essen!

### Abstecher

Wer noch Zeit übrig hat, läuft rasch zum direkt oberhalb gelegenen **Oberseitsee** hinauf, dabei sind 250 Höhenmeter zu überwinden (Auf- und Abstieg etwa 1.15 Std.). Auch die **Seespitze** (3021 m) ist auf dem markiertem Steig zu erreichen, aber dafür sollte man sich extra Zeit nehmen.

Von der Seespitzhütte wendet man sich unmittelbar abwärts und 100 m tiefer nach links auf einen ausgeschilderten Steig, der durch den unteren Teil der Blumenwiesen zurück nach Sankt Jakob führt. Die bis zu 450 m Höhendifferenz machen bei der Vegetation eine Menge aus, man bekommt auf diesem ebenfalls mit Blumen gesegneten Weg eine ganz andere Flora zu sehen als auf der Oberseite.

Beim Abstieg passiert man einen Abzweiger zur Reggnalm und erreicht schließlich den Endpunkt einer Almerschließungsstraße (5 Std.), der man eine kurze Strecke abwärts folgt. 2 Min. später zweigt nach rechts ein durch ein Schild (»St. Jakob«) gekennzeichneter, ansonsten unmarkierter Steig ab. Er führt durch Wald, zwei Bäche werden überquert, dann stehen wir wieder auf dem Sträßchen. Wir folgen ihm abwärts, um es fast sofort wieder auf dem mit »St. Jakob« gekennzeichneten Steig zu verlassen. (Der ebenfalls hier abgehende Steig nach Mariahilf führt zur Endstation der Busse durch das Defereggental.) Der Steig führt uns an eine Asphaltstraße (unterhalb Gasthof Jägerstube), der wir 5 Min. bis zu einem weiteren nach rechts abgehenden und gekennzeichneten Steig folgen. Kurzer Abstieg, und wieder erreichen wir die Asphaltstraße. Diesmal verlassen wir sie beim **Edahof** endgültig, indem wir einen zwischen den Gebäuden beginnenden Steig ansteuern. Wiesen, kurzes Waldstück, der Ort unter uns – die Kirche weist den Weg durch das letzte Stückchen Abstieg hinunter zu den Häusern von **Sankt Jakob** (7 Std.).

## Die Zirbe

Wenn man sich überlegt, wieviel Zirbenholz als Balken, Brett und Paneel in die zahlreichen »Zirbenstuben« der Alpen eingebaut wurde, verwundert es nicht, dass man den zugehörigen Baum, die Zirbelkiefer oder Zirbe, selten antrifft. Zumal auch die Möbel in den Stuben aus Zirbenholz sind und viele Werkzeuge es traditionell waren. Die Schere zwischen dem sinkenden Angebot an Zirben und der steigenden Nachfrage nach dem festen Holz des Baumes klaffte am Beginn des 20. Jh. am weitesten. Kleine Bestände in den höchsten Gebirgslagen – die Zirbe wächst bis in Höhen von fast 3000 m! – hatten überlebt, aber nur wenige größere Waldbestände, wie im Schweizer Nationalpark Engadin und im innersten Defereggental bei der Oberhausalm. Schonung, Schutzmaßnahmen gegen Wildverbiss und Neuanpflanzungen haben den Bestand inzwischen gesichert.

Zirben brauchen Jahrzehnte, bis sie erwachsen sind und sich vermehren können. Die Art bevorzugt die trockenen Gebirgslagen der inneren Alpentäler, meist auf gleichem Standort wie die Lärche, die ebenfalls die Baumgrenze erreicht. Der dicht wachsende, kegelförmige, dunkelgrüne Baum hat Büschel von fünf Nadeln, daran gut zu bestimmen (Schwarzkiefer, Legföhre und Gemeine Kiefer haben je zwei), und außen violette bis purpurn-bräunliche Zapfen. Der Tannenhäher schätzt die Zirbensamen, versteckt sie oft als Nahrungsdepot in Felsspalten und vergisst sie manchmal. Dies ist die hauptsächliche Form der Ausbreitung der Zirbe, die man deswegen an manchen Standorten als einsamen Baum antrifft, mitten in baumloser alpiner Strauchheide.

## Literaturtipp

Zum »Blumenweg Oberseite-St. Jakob i.D.« informiert das gleichnamige Büchlein des ÖAV (Naturkundlicher Führer zum Nationalpark Hohe Tauern Band 5), erhältlich bei der Touristeninformation in St. Jakob.

Tour 26

# Almen über dem Defereggental

## Von St. Veit in Defereggen zum Gritzersee und nach St. Jakob

Bis zu 2600 m hoch reichen die Almwiesen am Südabfall der Lasörlinggruppe, aber die Hütten der höchsten Almen sind verfallen. Rasten Sie nicht zu lange am hochalpinen Gritzersee, denn auf den Tögischer Almwiesen gibt es das Panorama des Inneren Defereggentales mit dem Hochgall zu bestaunen!

### DIE WANDERUNG IN KÜRZE

++ Anspruch

6.30 Std. Gehzeit

1200 m Anstieg

1100 m Abstieg

**Charakter:** Mittelschwere Wanderung auf Almzufahrtssträßchen, Almverbindungswegen und alpinen Steigen, im Frühsommer evtl. Altschneefelder im Froditzenkar

**Wanderkarten:** ÖK 178 Hopfgarten in Defereggen, F&B 181 Defereggen und Virgental, Kompass 38 Venedigergruppe Oberpinzgau oder 45 Defereggental Lasörlinggruppe

**Einkehrmöglichkeiten:** Gasthöfe in St. Veit, in Tögisch Gasthof zur Schönen Aussicht, Gasthof Tandler Stuben in Oberegg; keine Verpflegungsmöglichkeiten unterwegs!

**Anfahrt:** Mit **Bus** oder **Auto** von Mittersill über Felbertauernstraße oder von Lienz nach Matrei-Huben und von dort ins Defereggental bis Zotten (St. Veit in Defereggen); **Rückfahrt:** Bus von St. Jakob nach St. Veit in Defereggen/Zotten, etwas knappe Zeitspanne bis zum letzten Bus, evtl. Taxi zurück nach St. Veit (Tel. 04873/5233, 04873/5297)

**Unterkunft:** Alpengasthof Pichler in St. Veit: Tel. 04879/3110, Fax -31111, c.pichler@tirol.com; Gasthof zur Schönen Aussicht in Tögisch: Tel. 04873/5333, Fax -53338; Gasthof Tandler Stuben in Oberegg: Tel. 048 73/6355, Fax -63555, h.tandler@tirol.com

Die meisten Orte im Defereggental liegen am Südhang der Lasörlinggruppe auf sonnigen Terrassen, die Talstraße verläuft oft tief unter ihnen an der Schwarzach, wo im Winter monatelang kein Sonnenstrahl hinkommt. Über den Dörfern liegen noch ein paar Einzelhöfe, liegen Bergmähder, Bergweiden, Almen in zwei Höhenlagen – der gesamte steile Hang war bis in ca. 2600 m Höhe genutzt, wie die Ruinen von Almgebäuden zeigen – wir kommen an einer von ihnen vorbei, sie liegt auf 2450 m. Unsere Tour führt hinauf zum Gritzersee in 2504 m Höhe, dort oben ziehen noch heute Schafherden über die kargen Weiden.

In **Zotten** an der Defereggentalstraße unterhalb von St. Veit steht eine Kapelle, dort befindet sich auch die Bushaltestelle. Vom ersten Haus, das rechts oberhalb steht, führt ein Waldweg nach links (Schilder), er stellt sich bald als Kreuzweg heraus. Mäßig steil geht es bergan, der Weg schwenkt nach rechts, man passiert ein Kreuz mit Bank und schönem Ausblick, dann wird es etwas steiler, das allerletzte Stück zur Straße in St. Veit ist eine sehr steile Wiese. Man erreicht Häuser und eine Straße, der man nach rechts folgt, nach einer Linkskurve steht man auf einer breiteren Straße. Wenige Meter nach rechts, dann beginnt auf der gegenüberliegenden Seite ein unmarkierter Wiesenweg, der halblinks hinauf zur Kirche bzw. zum Dorfplatz von **St. Veit in Defereggen** führt (45 Min.). Links kann man sich im **Alpengasthof Pichler** erfrischen (und im Laden nebenan letzten Proviant kaufen); rechts befindet sich etwas abgesetzt die örtliche Informationsstelle.

Weiter auf der Reimmichlstraße leicht bergan (der Supermarkt bleibt links), bei einer Abzweigung geradeaus (Schild »Gritzer See«). Bei einer Gabelung rechts – der Gritzersee ist hier mit 3 1/2 Stunden angeschrieben, viel weniger sollte man, ohne Pausen, nicht veranschlagen. Das Asphaltsträßchen führt zu einem Hof und endet 100 m weiter, aber ein Steig führt geradeaus weiter und in den Wald hinein. Tief unten hört man einen Bach (Gritzer Almbach), den man bald darauf überquert.

Nun ändert sich der Steig abrupt: es wird steil, an ein paar Stellen geht es über den gewachsenen Felsen, aber das Ganze ist unproblematisch zu gehen, wenn auch schweißtreibend. Eine Materialseilbahn wird passiert, auch sie nimmt nichts von der Steilheit, und erst ein Bach, den wir überqueren (1.40 Std.), signalisiert uns, dass es ab sofort mäßiger ansteigend zugeht. Im Folgenden trifft man einige Feuchtstellen an, hier blühen Mehlprimeln, Dotterblumen, Knabenkraut und das fleischfressende Fettkraut, das Uneingeweihten wie ein fettglänzendes Veilchen vorkommt.

Endlich öffnet sich der Wald, die Wiesen von **Seitenegge** und der Blick auf das Froditzenkar erschließen sich. Der Weg bleibt im unteren Bereich der Wiesen, bis er am Waldrand zu einer Hüttengruppe kommt (2.15 Std.). Ohne Markierung oder Weg halten wir uns hier rechts aufwärts und gehen in der Falllinie zu einem Schild, das den weiterhin sehr steil ansteigenden Weg zur Froditzalm anzeigt. Dieser Abschnitt ist schlecht gekennzeichnet, man muss einfach der Falllinie und den Wegspuren folgen, bis ein deutlicher Steig in den nach links abstürzenden Osthang des Froditzbachtales hineinführt. Er quert den Hang in Richtung des Talschlusses, auf der anderen Talseite ist eine etwas höher liegende Alm zu sehen, die **Froditzalm** (3 Std.) wird jedoch erst im letzten Moment sichtbar. Sie ist an einen niedrigen Felsblock angebaut, von oben erkennt man kaum das Schindeldach des gedrungenen Baus.

Von der Hütte kurz hinauf nach rechts zu einem Wegweiser, dort nach links mit Markierungen und weiter in den Talschluss hinein. Der Froditzbach wird überquert – kein Steg – und dann wird es etwas steiler, der Weg folgt dem Weidehang fast in der Falllinie. Dort, wo sich im

obersten Kar der Hang wieder zurücklegt, gabelt sich der Weg, hier geht es links nach Tögisch – unser Abstiegsweg – und rechts weiter zum Gritzersee. 5 Min. später gabelt sich der Weg erneut, diesmal geht es links zum Mullitztörl (oder Virgertörl, weil es nach Virgen leitet), wir gehen ohne sonderliche Niveauveränderungen nach rechts zum **Gritzersee** (4 Std.). Dieser hochalpine See befreit sich meist erst im Juli vom Eis und bleibt den ganzen Sommer über eiskalt, obwohl ihn kein Gletscherabfluss speist. Eigentlich liegen im Kar drei Seen: die beiden unteren sind nur durch eine niedrige Barriere getrennt und bei hohem Wasserstand miteinander verbunden, der dritte liegt etwas höher links vom Weg zum Gritzer Hörndle. Gritzer Hörndle? Wenn Sie meinen, Sie hätten noch Zeit: Am Südufer des Sees entlang führt der Steig zum Gritzer Hörndle (2631 m) vor uns, hin und zurück 40 Min., unschwierig (aber vom Tögischerberg an unserem Abstiegsweg sieht man noch mehr).

Zurück zur Abzweigung des Weges nach Tögisch und auf etwa gleicher Höhe durch das Kar in südlicher Richtung. Ein kurzes Steilstück bringt uns auf eine Schulter (4.30 Std.) und in ein zweites, kleineres Kar. Hier oben liegt die Ruine einer Almhütte, nur die Basis aus Steinen hat sich erhalten. Nach einer zweiten, niedrigeren Schulter stehen wir über den Wiesen des Tögischer Bergs. Hier öffnet sich der Blick auf das Innere Defereggental und auf die Villgratner Berge jenseits davon (sie werden auch Defereggengebirge genannt). Beim Abstieg über ausgedehnte Almwiesen kommt rechts immer mehr von der Panargenkette, einer südlichen Teilkette der Lasör-

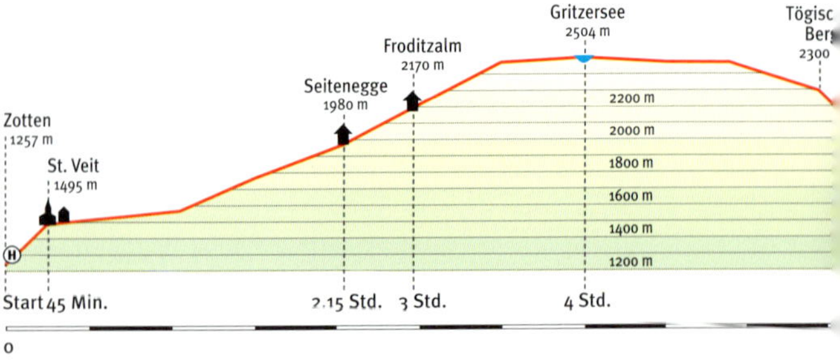

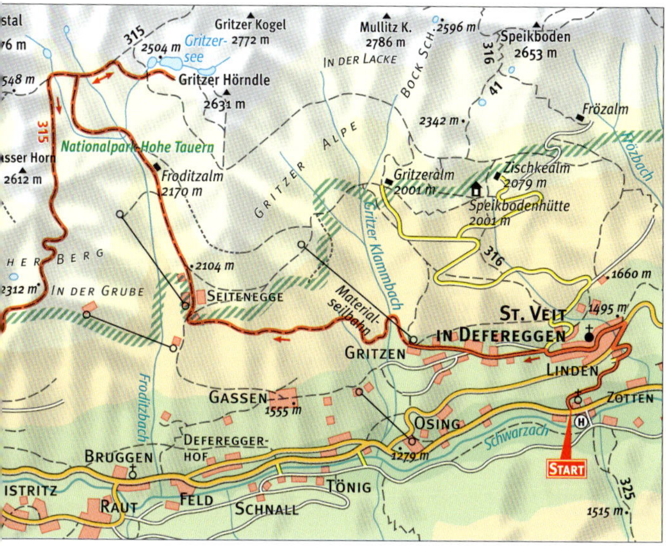


linggruppe, zum Vorschein, das auffällige Kauschkahorn (2908 m) und der Seespitz (3021 m). Im hintersten Grund des Defereggentales erhebt sich die Rieserfernergruppe mit dem Hochgall (3436 m), der Gipfel liegt bereits drüben im italienischen Südtirol.

Der Abstieg führt zuerst über die Almweiden, dann wird er etwas steiler, erste Bäume wachsen hier, Lärchen. Nach einer gefassten Quelle und bei einer verfallenden Almhütte (5.15 Std.) verlassen wir den Nationalpark und tauchen in dichteren Wald ein, der vor allem aus Lärche und zunehmend Fichte besteht. Der Weg wird etwas breiter, ist steil und steinig.

Ein Forststraße wird gequert (Schilder), 2 Min. später erreichen wir den alten Weg zum Prägratner Törl, dem wir nach links abwärts folgen. Er mündet nach wenigen Minuten in die von St. Jakob nach Tögisch führende Asphaltstraße (6 Std.). Auf dieser nach rechts, nach einer S-Kurve zweigt nach dem **Gasthof zur Schönen Aussicht** ein schmaler Steig ab, der steil bergab führt, das Tal des Tögischbaches immer zur Rechten. Man erreicht den Talboden des Defereggentales im Weiler **Oberegg** bei der Lackbrücke, wo sich auch die Bushaltestelle befindet (6.30 Std.).

# Im Reich des Apollo

**Durch die Ratzeller Bergwiesen oberhalb Hopfgarten**

Steile, heiße, nach Süden ausgerichtete Bergwiesen, Kalkschiefer und reichlich bunte Blumen: Das mag der Apollofalter. Auf den Ratzeller Bergwiesen hat er, was er braucht, und die Chance, ihn zu sehen, ist sehr hoch.

## DIE WANDERUNG IN KÜRZE

\+ Anspruch

3.45 Std. Gehzeit

550 m An-/Abstieg

**Charakter:** Leichte, wenn auch streckenweise steile Wanderung auf Wegen und Steigen durch Bergwiesen und Bergwald; einige steinige Wegstrecken, eine Passage gut durch Drahtseil gesichert

**Wanderkarten:** ÖK 178 Hopfgarten in Defereggen

**Einkehrmöglichkeiten:** Glanzalm

**Anfahrt:** Mit **Bus** oder **Auto** von Mittersill über die Felbertauernstraße oder von Lienz bis Matrei-Huben, von dort ins Defereggental bis Dölach. Die Kabinenbahn nach Ratzell (5 Personen) ist zwar eigentlich nicht öffentlich, wird aber regelmäßig von Wanderern benutzt.

**Vorsicht:** Den Schildern zum Naturlehrpfad Apollofalter, die es im Tal gibt, entspricht im Gelände keinerlei Markierung. Der zum offiziellen Naturlehrpfad führende Zustieg von Hopfgarten nach Mösern, als Panoramaweg deklariert, führt durch äußerst steiles, manchmal (besonders nach Gewittern!) durch Steinschlag gefährdetes Gelände.

Man nimmt in **Dölach** die Seilbahn nach Ratzell, deren Talstation direkt an der Bushaltestelle steht (»Unbefugten Betreten verboten« – zumindest steht es so dort: Drinnen finden Sie ein Telefon, mit dem Sie die Bergstation wählen, alle weiteren Anweisungen über Telefon). Die Gondel

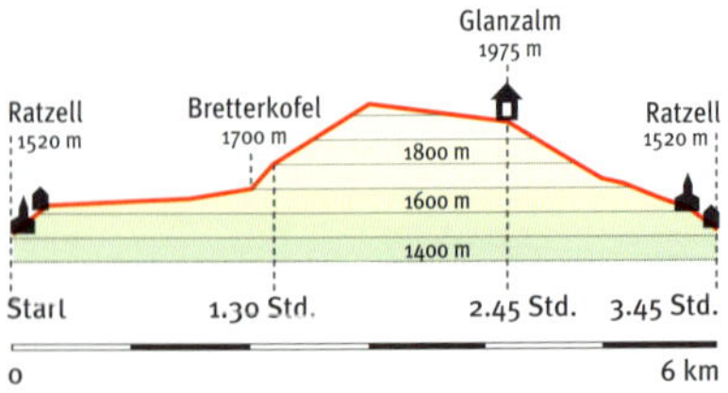

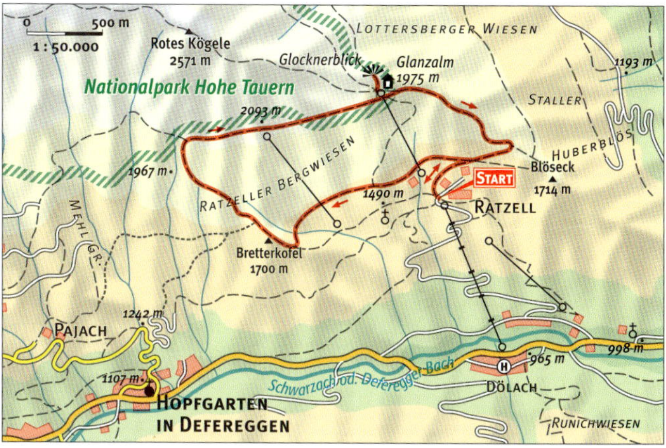


fährt hinauf nach **Ratzell,** einem 1500 m hoch gelegenen Weiler in steiler Südlage, wo unsere Wanderung beginnt. Man verlässt die Bergstation nach rechts zur Straße und geht auf dieser nach links bis zu ersten Kurve, wo ein Fahrweg ein paar Meter nach links hinauf und zu einem Wanderweg führt. Hier nach rechts (Schild u.a. »Glanzalm«) aufwärts auf einen Treppenweg, später Steig durch den Wald bis zu einem querenden Weg (15 Min.). Hier wieder Schilder: Wir wenden uns links auf den Panoramaweg, passieren einen kleinen Wasserlauf direkt unterhalb einer Quelle, von der uns ein Schild vermeldet, dass sie gutes Wasser habe. Der Weg führt ziemlich eben weiter, passiert den etwas unterhalb auf 1650 m liegenden **Glanzhof,** schlägt eine Kurve durch seine Hauswiesen und führt an deren oberen Rand als aussichtsreicher Waldrandweg weiter.

Ein Waldstück (schöne Fichten) wird gequert, dann eine feuchte Wiese, ein Bretterweg hält Schuhe und Füße trocken. Nach einer Bachquerung mit Steg kommen wir zu einem Wiesenrücken mit einem ausladenden Wegweiser (1 Std.). Wir gehen nach rechts und auf dem Rücken in der Falllinie bergan. Über den ab hier deutlich weniger genutzten Steig geht es bergauf zu einer Verflachung. Sie wird Bretterkofel genannt, obwohl es sich nicht um einen ›Kofel‹, also eine Erhebung, handelt, auch wenn es vom Tal aus so aussieht. Hier führt nach links der Panoramaweg in den Steilhang, wir gehen jedoch weiter auf dem Rücken bergan. Eine verfallende alte und eine neuere »Heuschupfen« bleiben rechts, eine weitere liegt links (1.30 Std.), rechts unterhalb liegt ein Brunnentrog, dessen Wasser man aber wegen der durch den Zulauf trampelnden Kühe nicht trinken sollte. Eine Viertelstunde später lädt eine Bank beim »Rastplatz Gern« zum Verweilen und Genießen des Ausblicks ein. Der Weg dreht hier nach rechts, andernfalls würde man ins Bodenlose stürzen.

Etwas höher steigt unser Steig oberhalb eines Felsabsturzes durch eine steile Wiese, die Stelle ist, obwohl unproblematisch, durch ein

Drahtseil hervorragend gesichert. Nach Überwindung dieser steilen Stelle lockt wieder eine Bank, sie steht an der Einmündung in einen Weg, dem wir nunmehr nach rechts in die herrlichen Ratzeller Bergwiesen hinein folgen (zunächst noch kurz mit Drahtseil gesichert). Kühle Quelle nach ein paar Minuten auf diesem Weg.

Den folgenden kurz auf- und dann etwas absteigenden Wegteil möchte man – und wird man – lange ausdehnen, denn Blumen und Ausblicke und natürlich die Apollofalter veranlassen uns immer wieder zum Stehenbleiben. Dennoch kommt man irgendwann mal bei der **Glanzalm** an, die plötzlich etwas unterhalb auftaucht, und deren Besuch so etwas wie ein Muss dieser Tour ist (2.45 Std.). Gehen Sie unbedingt zum »Glocknerblick« hinauf, eine Viertelstunde hin und zurück, um den versprochenen Ausblick auf Österreichs höchsten Berg zu genießen (jenseits der Muntanitzgruppe).

Der Weiterweg führt durch das Gatter unterhalb der Hütte und nach links auf einen Weg, der zunächst den Rücken zum Blößeck hinunter läuft, dann aber bei einem Funktransmitter nach rechts in den Wald leitet, wo er recht steil bergab führt. Ab einem Linksknick geht es nur sanft absteigend weiter, bis man wieder auf dem Rücken angelangt ist, der hier bewaldet ist. Ein Steig leitet mit ein paar Treppen nach rechts abwärts durch steilen Wald, nach ein paar Minuten (links zu einem Aussichtspunkt) verläuft er fast eben weiter. Wo er in einen von rechts herunterziehenden breiteren Weg einmündet, wird es wieder etwas steiler, wenn man links weiter geht. Wenige Minuten später steht man an der ersten Gabelung des Aufstiegs, man geht links und abwärts weiter, erreicht die Straße und kurz darauf den Ausgangspunkt bei der Bergstation der **Ratzell-Seilbahn** (3.45 Std.)

## In den Ratzeller Bergwiesen

Wenn man sich an einem heißen Julitag den Rücken des Bretterkofels hinauf quält, fragt man sich, ob es wirklich eine gute Idee war, den Weg an einem Sommertag zu machen. Da hilft auch die Überlegung nichts, dass die Bauern, die hier bis vor einer Generation Heu machten, wie die »Heuschupfen« (Heuhütten) melden, an denen wir vorbeikommen, noch viel mehr schwitzten, als wir das heute tun. Aber gemach, nach dem kleinen versicherten Stück über einem Felsabsturz geht es ganz flach nach rechts in die Wiesen hinein, eine kleine Quelle bringt Erfrischung, und zwischen Arnika, Bärtiger Glockenblume, Bartnelke und Ferkelkraut flattert der Apollofalter (s. S. 75)!

Im Juli sind die Wiesen hier oben förmlich übersät von Orchideen. Die Mückenhändelwurz, die Wohlriechende Händelwurz, das Breitblättrige wie das Schmalblättrige Knabenkraut, das – übrigens keineswegs seltene – Gefleckte Knabenkraut, Kugelorchidee und Waldhyazinthe, Hohlzüngel und Männliches Knabenkraut sind zu beobachten. Wenn es vorher geregnet hat, fliegen bei unserer Annäherung von den Rändern der Pfützen viele blaue Schmetterlinge auf, Bläulinge einer Art, die gesellig auf den Blumenwiesen der Tauern lebt *(Polyomattus eros)*. Kaum bleibt man stehen, lassen sie sich wieder am Pfützenrand nieder oder sogar auf einem dunklen T-Shirt.

# Auf dem Schlatenkees

**Von Tauer ins Gschlöss und auf den Schlatenkees-Gletscherweg**
Auf dem Gletscherweg, der von Innergschlöss zum Schlatenkees führt, wandelt man gewissermaßen in einem Fotomotiv: kein Bild der Ostalpen wird häufiger fotografiert als dieses – von Außergschlöss aus, wo wir uns den besten Fotoplatz aussuchen.

## DIE WANDERUNG IN KÜRZE

++ Anspruch

6.30 Std. Gehzeit

750 m An-/Abstieg

**Charakter:** Wanderung auf alpinen Steigen in hochalpinem Gelände, einige steile Stücke, eine Strecke auf der Almerschließungsstraße

**Wanderkarten:** ÖK 152 Matrei, F&B 121 Großvenediger Oberpinzgau oder 123 Matrei Defereggen Virgental, Kompass 38 Venedigergruppe Oberpinzgau

**Einkehrmöglichkeiten:** Matreier Tauernhaus, Venedigerhaus

**Anfahrt:** Das Matreier Tauernhaus erreicht man mit **Bus** oder **Auto** von der Felbertauernstraße her. Zum Matreier Tauernhaus und zum Venedigerhaus im Innergschlöss fährt ab Matrei ein Almentaxi (Tel. 0664/4311685)

**Unterkunft:** Matreier Tauernhaus: Tel. 04875/8811 (Hotel, ganzjährig); Venedigerhaus: Tel. 04875/8820 (15 Betten, 15 Lager, Mitte Mai – Mitte Okt)

**Tauer** besteht aus einer Handvoll Gebäuden, das größte unter ihnen das **Matreier Tauernhaus**, Nachfolger des alten Schutzhauses am Südfuß des Felbertauern. Die Schutzhausfunktion hat es heute nicht mehr, der Felbertauern ist von einem Schnellstraßentunnel durchstoßen, das Haus mit seiner langen Tradition ein Gasthaus wie viele andere. Riesiger Parkplatz unterhalb des Hauses mit geschmalzenen Tarifen.

Wir passieren den Bau rechts, auf der ins Gschlösstal weiterführenden, für PKW gesperrten Straße – dort sind einige Parkplätze für Anlieger zu finden. Ein paar Minuten nach diesen Parkplätzen biegen wir auf einen Wanderweg nach links ab (Wegweiser »Wanderweg nach Innergschlöss«), der uns über den Gschlössbach bringt. Nach der Brücke halten wir uns rechts. Der Weg, den wir eingeschlagen haben, verläuft im Linksbogen entlang einer Wiese zum Waldrand, wo er nach rechts abbiegt. Nach einer kaum ansteigenden Waldrandpassage biegt der Weiterweg nach links in den steilen Hang hinein, in diesem Bereich ist er als Treppenweg ausgebaut. An der »Hohen Achsel« (1 Std.) wird es wieder flacher, Bank, Rückblick auf das Tauernbachtal. Im Weitergehen kommt rechts die Gruppe der Almgebäude von Außergschlöss in

Sicht, ein bemerkenswert geschlossenes Ensemble traditioneller Bauten, das leider durch die Autos der Almleute, die hier parken, verschandelt wird. Bevor wir auf einem Steg auf das andere Bachufer überwechseln, liegen einige riesige Felsblöcke im und am Bach, sie stellen den immer wieder fotografierten Vordergrund der Aufnahmen dar, die Innergschlöss, Schlatenkees, Kesselkogel, Großvenediger und Schwarze Wand wiedergeben.

Auf der Straße nach links und zur Almsiedlung **Innergschlöss,** auch sie ist ein Ensemble von anrührender Geschlossenheit. Das letzte Haus ist das **Venedigerhaus** (1.30 Std.) jenseits des Baches, vielleicht ist jetzt schon Zeit für einen Kaffee?

Für den Weiterweg können wir gleich auf unserer Bachseite talaufwärts wandern (die Markierung verläuft auf der anderen Seite), bei der nächsten Brücke über den Schlatenbach finden wir nämlich den Wegweiser und die Markierungen des Gletscherweges, denen wir nach links folgen. Wir queren Grünerlengebüsch, der Weg wird steiler, wir nähern uns dem **Wasserfall** des Schlatenbaches, zu dessen Betrachtung man sogar eine kleine Aussichtsplattform gebaut hat. Eine Steilstufe wird – anstrengend, aber unproblematisch – bezwungen, dann stehen wir aufatmend und begeistert auf den Bergwiesen des **Salzbodens** (3 Std.) – Salzboden, weil die Hirten hier Salz für die Schafherden streuten, denen man damit Appetit auf die Gräser machte, wie uns heute Gastwirte stark gesalzene Nahrung servieren, damit wir fleißig Bier konsumieren. Auffallend ist der Gegensatz zwischen den vegetationslosen Flächen in Gletschernähe und dem Grün, das uns hier umgibt. Über dem vegetationslosen Gebiet lag zum Teil noch 1927 Gletschereis, während es hier auf dem Salzboden wohl schon vor 9000 Jahren abgeschmolzen ist. Übrigens erreichte der Gletscher zwischen 1820 und 1850 die Talsohle im Gschlöss, seine Zunge endete dort, wo der Gletscherweg am Bach begann!

Auf dem Weiterweg passieren wir einen tiefer gelegenen See, den

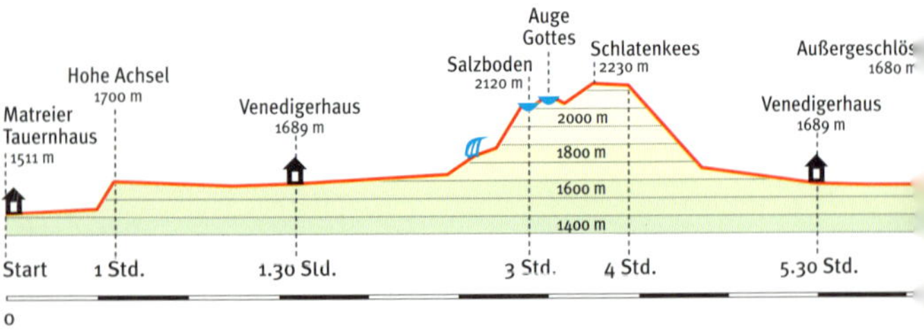

**Salzbodensee,** und das Mini-Seelein, das sich **Auge Gottes** nennt, eine Wollgrasinsel schwimmt in seiner Mitte. Kurz darauf halten wir uns bei der Weggabelung rechts, queren einen Bach und wandern dann leicht abwärts in Richtung Schlatenkees. Unterhalb der Gletscherzunge führt ein Steg über den jungen Schlatenbach, jenseits geht es auf glattgeschliffenen Platten weiter (rote Markierungen auf dem Boden).

Der höchste Punkt der Tour ist erreicht, wir stehen über der Zunge des **Schlatenkees.** Vor uns liegt der relativ flache Untere Keesboden, darüber stehen (von links) Kristallwand, Schwarze Wand – völlig von Gletschern umgeben – und Großvenediger, ein Eisgipfel. Am Hang rechts liegt etwas höher die Alte Prager Hütte. Wenn man hier allein sein kann, ist das Glück vollkommen.

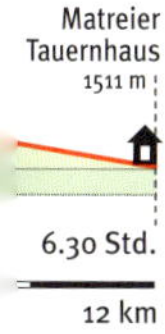


**Abstieg:** Zunächst nach Norden querend, die Abzweigungen nach links zur Alten und Neuen Prager Hütte nicht beachtend. Dann beginnt der steile Abstieg (4 Std.), der durch recht gute Steinplattentreppen entschärft ist. Man ist schnell unten am Bach und geht jenseits auf dem Sträßchen talauswärts, am Venedigerhaus in **Innergschlöss** (5.30 Std.) vorbei – oder hinüber zum Essen –, erreicht **Außergschlöss** und den Wald, und nach einem kurzen flachen »Hatscher« **Tauer** und den Ausgangspunkt (6.30 Std.).

*Knapp unterhalb des Schlatenkeeses*

# Bunter Seenbummel

**Aus dem Gschlösstal zum Felbertauern und über den Dreiseenweg**
Diese Tour verzaubert besonders im Abstieg: Drei Kare übereinander, drei Seen in verschiedenen Farbtönen. Und danach noch das Panorama der Venedigergruppe: Der Großvenediger zeigt sich persönlich.

## DIE WANDERUNG IN KÜRZE

**+++**
Anspruch

**6 Std.**
Gehzeit

**1100 m**
An-/Abstieg

**Charakter:** Mittelschwere Tour auf alpinen Steigen, zum Teil in hochalpinem Gelände mit Schneefeldern bis in den Hochsommer, eine etwas ausgesetzte, aber gesicherte Stelle

**Wanderkarten:** ÖK 152 Matrei, F&B 123 Matrei Defereggen Virgental oder 121 Großvenediger Oberpinzgau, Kompass 38 Venedigergruppe Oberpinzgau

**Einkehrmöglichkeiten:** St. Pöltner Hütte

**Anfahrt:** Mit dem **Auto:** Von der Felbertauernstraße von Mittersill bzw. von Lienz zum Matreier Tauernhaus, dort großer Parkplatz. Zum Tauernhaus fährt kein Bus mehr hinein, man muss die 3 km von der Abzweigung auf der Asphaltstraße zu Fuß gehen (Taxi ab Matrei Tel. 0664/431 16 85)

**Unterkunft:** St. Pöltner Hütte: Tel. 06415/8539 (18 Betten, 50 Lager, Anfang Juli–Ende Sept.)

**Hinweise:** Sessellift und Gasthaus Venedigerblick wurden nach Lawinenschäden abgetragen, nur die Hinweisschilder existieren noch.

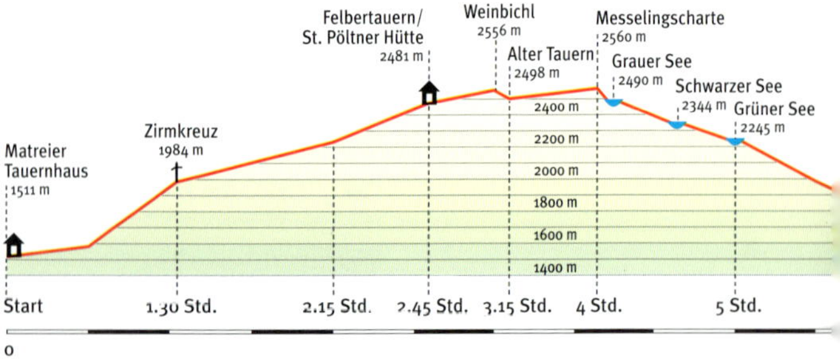

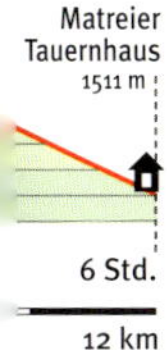


Vom **Matreier Tauernhaus** nimmt man das ins Gschlösstal führende Sträßchen, von dem nach etwa 20 Min. ein deutlich ausgeschilderter, gut markierter Weg nach rechts abzweigt. Er führt durch Wald, über Weiden und etwas höher durch Zwergstrauchheide (Almrausch, Wacholder) in Serpentinen bergan. Besonders im Waldbereich und abseits der Gewässer kann man noch den alten Saumweg über den Felbertauern erkennen: Er war mit Rohsteinen gepflastert und mindestens 1.20 m breit, an feuchten Stellen wurden große Gesteinsplatten gelegt.

Im Höhengürtel der Zwergsträucher legt sich der Hang bald zurück und wir nähern uns dem immer links von uns fließenden Tauernbach, der sich hier oben durch eine Klamm zwängt. Auf einer flachen Wiese oberhalb dieser Klamm steht das hölzerne **Zirmkreuz** (1.30 Std.), das in seinem Namen an die ehemaligen Zirbenbestände erinnert, und wirklich: etwas unterhalb steht noch eine vom Wind zerzauste Zirbe.

Das hier beginnende Hochtal des Tauernbaches durchmisst man auf mäßig ansteigendem Weg, vielleicht in Gesellschaft einer Schaf- oder Ziegenherde, von kreisenden Bartgeiern oder scheuen Gämsen observiert. Von rechts zieht die große Überland-Stromleitung, die den Felbertauern quert, ins Tal. Nachdem man eine ehemalige Straße (ohne Verbindung zu Tal oder zur Hütte – sie wurde zur Errichtung der Überlandleitung gebaut) gequert hat, geht es etwas steiler weiter, bis man sich zuletzt nach rechts in eine steinige Rinne wendet, an deren rechtem Rand eine Mulde ansteuert und noch einmal ansteigend zur **St. Pöltner Hütte** (2.45 Std.) und dem **Felbertauern** geführt wird.

Von der Hütte, die etwas oberhalb und westlich des Passes steht, quert man auf dem St. Pöltner Ostweg zum Pass und nach Osten, wo ein Serpentinenweg den jenseitigen Hang hinauf führt. Man erreicht die Höhe des **Weinbichl,** von dem aus der Blick auf den Tauernsee und den Langsee im obersten Salzburger Felbertauerntal besonders eindrucksvoll ist. Im Anstieg zum Alten Tauern muss man aufpassen, der Steig ist etwas ausgesetzt, aber gesichert. Vom **Alten Tauern** quert unser Steig, den nun folgenden Westhang des Hochgasser in Richtung der **Messelingscharte** (4 Std.). Dort zweigt rechts der Steig auf den Messeling ab, geradeaus und bergab geht es zum von hier aus sichtbaren Grauen See, dem obersten der drei Seen. Das großartige Panorama wird durch Hochgasser (2922 m) links und Riegelkopf (2920 m) rechts flankiert.

Der Weiterweg passiert den **Grauen See,** führt über eine kurze Geländestufe zum **Schwarzen See** und schließlich zum größten der drei, dem **Grünen See** (5 Std.). An seinem Ausfluss führt ein Steg hinüber zur Grünseehütte, die nicht bewirtschaftet ist, wir lassen sie also links liegen. Durch steinige Wiesen geht es abwärts. Man passiert ein seltsames Gebäude, die Bergstation des ehemaligen Schleppliftes, die wie ein Lawinenteiler gebaut ist (und wohl deshalb stehen gelassen wurde). Vom Gasthaus Venedigerblick und der Bergstation des Sesselliftes etwas unterhalb auf der Almverflachung ist nichts mehr zu sehen. Nun kommt der letzte Abstieg: Das Gschlösstal ist unter uns zu sehen, es geht in Serpentinen durch Weiden und dann durch Wald. Beim ehemaligen Parkplatz des Sesselliftes erreichen wir die Straße und ein paar Minuten später das **Matreier Tauernhaus** (6 Std.).

# Edelweißwiese und Steineralmen



**Von Matrei zur Steineralm und Hoanzeralm**

Ein Aufstieg im Wald, die blumenreiche Edelweißwiese, zwei gastliche Almen, das Panorama der Dreitausender der Muntanitzgruppe und der gesamten Lasörlingkette, ein steiler Abstieg auf schmalem, selten begangenem Steig – das macht einen großen Bergwandertag voller unterschiedlichster Eindrücke.

## DIE WANDERUNG IN KÜRZE

++ Anspruch

6 Std. Gehzeit

1000 m Anstieg

700 m Abstieg

**Charakter:** Mittelschwere Wanderung auf Almzufahrtssträßchen und Almverbindungswegen; der Abstieg auf wenig begangenem alpinem Steig ist zwar gut markiert, aber unversichert und verlangt Trittsicherheit und Schwindelfreiheit – nicht bei Nässe gehen!

**Markierung:** Wenige Schilder und keine Markierungen bis zur Hoanzeralm, der Abstieg ab dort gut rot-weiß markiert

**Wanderkarten:** ÖK 152 Matrei, F&B 181 Matrei Defereggen und Virgental, Kompass 39 Glocknergruppe NP Hohe Tauern oder 38 Venedigergruppe Oberpinzgau

**Einkehrmöglichkeiten:** Äußere Steineralm, Hoanzeralm (Innere Steineralm)

**Anfahrt:** Mit **Bus** oder **Auto** von Mittersill über Felbertauernstraße oder von Lienz bis Matrei. **Rückfahrt:** Bus von der Haltestelle an der Felbertauernstraße nach Matrei (letzte Fahrt Mo.–Fr. ca. 18.20, Sa. 16.10, So./Fei. 20.30 Uhr)

**Unterkunft:** Äußere Steineralm: Tel. 0664/ 595 33 63 (16 Lager)

In **Matrei** nimmt man vom Ortszentrum (Touristeninformation!) die zur Felbertauernstraße führende Straße, unterquert diese und geht mit dem Zubringer in Richtung Norden bis nahezu an die Fahrbahn heran. Dort zweigt ein zur Straße hin mit einem Bretterzaun abgesicherter Steig ab, der nach einem Rechtsknick in den steilen, bewaldeten Hang über dem unter uns rauschenden Bretterwandbach führt. Links über uns zeigen die kurzen Blicke, die wir auf Häuser werfen können, dass wir uns noch im Siedlungsgebiet von Matrei befinden. Wir erreichen eine asphaltierte Straße (30 Min.), es ist die Straße hinauf nach Glanz, der wir die nächste Stunde folgen werden. Nach der ersten Linkskurve kann man bei einer Bank nach rechts einen steilen Abschneider machen, weiter oben lohnt sich das nicht mehr.

Der Weiler **Glanz** wird erreicht. Bei der Kapelle (1.15 Std.) geht es scharf nach links und zum höchstgelegenen Glanzer Hof. Eine Quelle direkt am Hof (1.35 Std.) erfrischt mit ihrem kühlen Wasser.

Die Asphaltierung endet ein paar Meter weiter an einer Schranke, das Sträßchen geht jedoch weiter und führt als staubige Almerschließungsstraße bis direkt an die Nationalparkgrenze unterhalb der Edelweißwiese. Wir verlassen es nach ein paar Minuten und gehen bei einem Hinweisschild zur Steineralm nach rechts auf einen steilen, steinigen Weg in den Wald. Nach 10 Min. quert man die Straße, dann ist man wieder im Wald (kein ›kühler Wald‹, er liegt am heißen Südhang). Bei einem Schild, das nach links zur Edelweißwiese zeigt, gehen wir nach **rechts.** (Beide Wege führen dorthin, der rechte ist schöner.)

Endlich tritt man aus dem Wald auf eine Almwiese, rechts liegen Almgebäude. Wenig oberhalb verläuft wieder die Straße, der wir nach links folgen, um bei der nächsten scharfen Rechtskurve auf einem Steig weiterzugehen, der uns zum Parkplatz am Ende der Straße (2.30 Std.) und in die flachere Almregion bringt. Wir gehen auf der Fortsetzung des Sträßchens, das wir schon ein paar Mal gequert haben, jetzt ein Almfahrweg, nach links. Lockere Lärchenbestände durchsetzen den unteren Teil der Bergwiesen, eine gefasste Quelle liegt rechts und in der **Edelweißwiese,** den »Begunitzen«, blüht so ziemlich alles, was unter Alpenblumen Rang und Namen hat, auch das begehrte und absolut geschützte Edelweiß. Eine Bank lädt ein, das Panorama der Lasörlinggruppe aufzudröseln, es reicht vom Deferegger Riegel und Großen Zunig (2720 m bzw. 2776 m, ganz links) bis zum eigentlichen Lasörlingstock (der Lasörling selbst, 3098 m, ist durch den Schober, 2882 m, verdeckt).

Nach der Bank wendet sich der Weg abrupt nach rechts und die Landschaft ändert sich völlig: Statt blühender Wiesen das steile, bewaldete **Steinerbachtal**, das wir im obersten Teil, durch Geländer gut gesichert, taleinwärts queren. Das Tal öffnet sich kurz bevor wir den Bach selbst erreichen, dann sind wir auch schon über den Steg und stehen auf der **(Äußeren) Steineralm** (3.30 Std.). Von der Terrasse aus überblickt man einen Teil des oberen Tales, das durch die noch einmal 750 m höher gelegene Sudetendeutsche Hütte erschlossen ist.

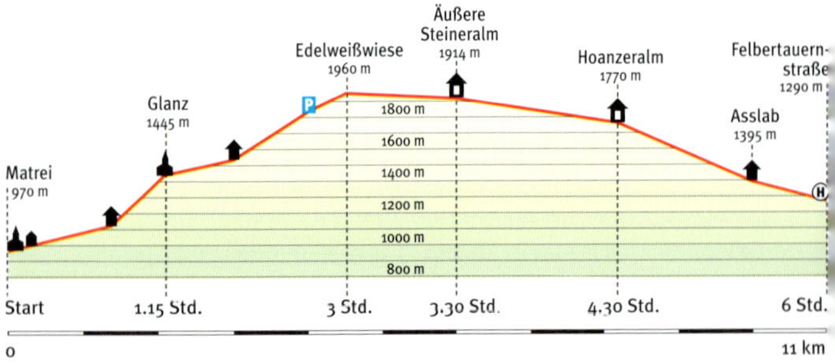

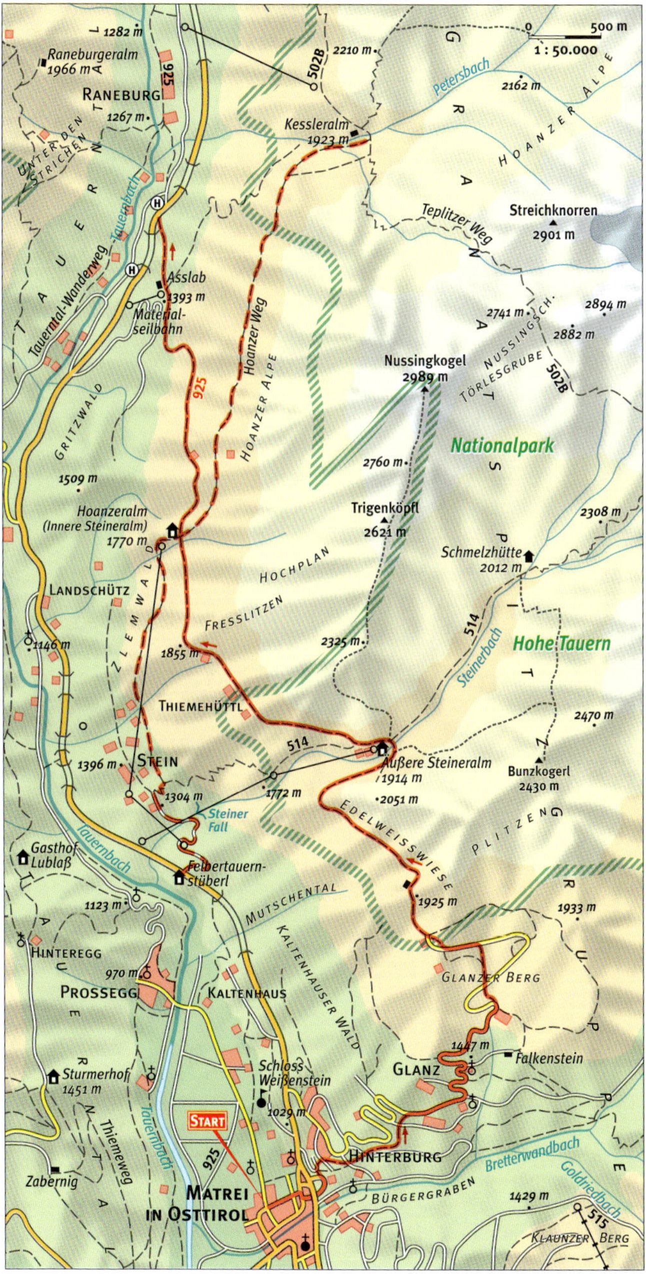
0
500 m
1 : 50.000
1282 m
Raneburgeralm
1966 m
Raneburg
925
502B
2210 m
Petersbach
2162 m
1267 m
Kessleralm
1923 m
Unter den Strichen
Hoanzer Alpe
Tauernbach
Teplitzer Weg
Streichknorren
2901 m
Tauerntal-Wanderweg
Asslab
1393 m
Materialseilbahn
Hoanzer Weg
2741 m
2894 m
2882 m
Nussingsch.
Nussingkogel
2989 m
Törlesgrube
502B
925
Hoanzer Alpe
Gritzwald
Nationalpark
2760 m
1509 m
Hoanzeralm
(Innere Steineralm)
1770 m
Trigenköpfl
2621 m
2308 m
Schmelzhütte
2012 m
Hochplan
Landschütz
Zlemwald
Fresslitzen
514
1146 m
2325 m
Hohe Tauern
Steinerbach
1855 m
Thiemehüttl
2470 m
514
1396 m
Stein
Äußere Steineralm
1914 m
Bunzkogerl
2430 m
1304 m
1772 m
2051 m
Steiner Fall
Edelweisswiese
Plitzeng
Gasthof Lublaß
Tauernbach
Felbertauernstüberl
Mutschental
1925 m
1123 m
1933 m
Kaltenhauser Wald
Hinteregg
Glanzer Berg
970 m
Prossegg
Kaltenhaus
1447 m
Falkenstein
Sturmerhof
1451 m
Schloss Weißenstein
Glanz
1029 m
Start
Thiemeweg
Tauernbach
925
Hinterburg
Bretterwandbach
Goldriedbach
Zabernig
Matrei in Osttirol
Bürgergraben
1429 m
515
Klaunzer Berg

Im Abstieg von der Steineralm bleibt man auf der gleichen Talseite und wählt am Gatter den rechten, zur Hoanzeralm führenden Weg (Schild). Er leitet durch einen steilen Hang und erreicht dann Almböden, die am anderen Ende durch einen Zaun mit Gatter abgeschlossen werden. Hier verlassen wir wieder den Nationalpark, den wir beim Parkplatz Edelweißwiese betreten haben. Durch lichten Lärchenwald mit niedrigem Wacholder, Wiesen und etwas schrofiges Gelände, zweimal über Steinplatten ein Feuchtgebiet querend, geht es schräg hinunter zur **Hoanzeralm** (oder Innere Steineralm), die auf einem Wiesenplateau liegt (4.30 Std.). Auch hier gibt es zu essen und zu trinken.

## Abkürzung

Wer nun doch daran zweifelt, dass er einem Abstieg über einen ungesichert belassenen Steig gewachsen ist, der geht nach links hinunter zum Restaurant Tauernstüberl an der Felbertauernstraße (Bushaltestelle), übrigens auch sehr steil, aber unproblematisch. Der Weiler Stein mit alten Bauernhöfen und der großartige Steiner Wasserfall machen diesen Abstieg sehr interessant.

Wer nicht zweifelt, geht oberhalb der Almgebäude am Zaun in Nord-

*Auf der Äußeren Steineralm*

richtung weiter, wo erste rot-weiße Markierungen (kein Schild) zeigen, dass hier ein Steig beginnt. Schon nach 5 Min. wird man auf die Probe gestellt: Eine steile Wasserrinne wird auf einem schmalen, schrägen Holzsteg gequert. Weiter geht es durch einen steilen Waldhang mit Wiesenabschnitten. Eine kurze Felsbarriere in etwas ausgesetzter Lage wird einfach, aber ungesichert bewältigt. Auf einer kleinen Almwiese steht eine verfallende Hütte, Pflöcke markieren hier den schräg abwärts zum Wald führenden Steig. Man passiert eine Quelle, deren Wasser für die Tiere auf den Weiden von Asslab geleitet wird, 5 Min. später erreichen wir die Weiden und den Trog (5.15 Std.).

Der Weg zieht wieder in Wald – diesmal fast reiner Fichtenwald – und erreicht einen Zaun, der das Weidevieh vom Absturz in ein steiles Nebentälchen abhalten soll. Wir überklettern ihn (deutliche Markierung an dieser Stelle) und finden uns in einem Steilhang, den wir über ein paar Felsstufen auf einem schmalen Steiglein queren, um dann in Serpentinen zu den Weidegründen des Asslab-Hofes hinunterzugehen. Nun halbrechts hinunter zum Zaun, der die Weiden von den Mähwiesen trennt, und an ihm nach rechts entlang, bis wir unter uns den **Asslab Hof** sehen, zu dem ein Steig hinunter führt. Der Hof wird gequert (5.30 Std.), dahinter hält man sich links und geht an einem weiteren Zaun halblinks abwärts zum Wald. Nach Querung einer Wiese sieht man unter sich die **Felbertauernstraße,** die man bald erreicht. Ein Fußgängertunnel leitet unter der Straße durch, anschließend kann man rechts durch ein Gatter wieder auf die Straße gelangen. Die **Haltestelle** in Richtung Matrei (6 Std.) liegt etwas unterhalb der Stelle, an der man die Straße berührt, jene in Richtung Felbertauern etwas oberhalb. Jetzt heißt es nur noch warten, bis der Bus kommt, an Autostopp ist an dieser Stelle, an der alle Wagen mit hoher Geschwindigkeit abwärts fahren, nicht zu denken.

# Ein blauer Berg

**Von Matrei zum Rundweg um die Blauspitze**

Prächtige Aussicht auf die höchsten Gipfel des Nationalparks, Großvenediger und Großglockner – von außerhalb des Nationalparks. Ein Rundweg, bei dem sich alles rundet: Bergwiesen, schmale Steige, Fernblicke. Und eine freundliche Hütte.

## DIE WANDERUNG IN KÜRZE

**++** Anspruch

**5 Std.** Gehzeit

**500 m** An-/Abstieg

**Charakter:** Hochalpine Wanderung auf schmalen, aber guten Steigen, einige steile Abstiege, eine etwas ausgesetzte Passage, die bei Regen gefährlich werden kann!

**Wanderkarten:** F&B 123 Matrei Defereggen Virgental, Kompass 38 Venedigergruppe Oberpinzgau

**Einkehrmöglichkeiten:** Bergstation der Goldriedseilbahn, Kals-Matreier Törlhaus, Bergstation der Blauspitzseilbahn

**Anfahrt:** Über Felbertauernstraße oder von Lienz mit **Bus** oder **Auto** nach Matrei, die Talstation der Goldriedseilbahn befindet sich 1 km südlich des Ortes direkt an der Bundesstraße. Nach Kals ab Huben südlich Matrei per Bus oder Auto

**Unterkunft:** Kals-Matreier Törlhaus: Tel. 0663/ 925 68 06, 22 Lager, Mitte Juni – Anf. Okt.

Die Goldriedbahn fährt vom südlichen Ortsrand von **Matrei** direkt hinauf in die Gebirgsregion auf 2090 m, da muss man sich erst ein wenig akklimatisieren, bevor man losgeht. Dann aber wendet man sich auf dem an der Bergstation vorbeiführenden Sträßchen nach rechts. Es nennt sich **Europa-Panoramaweg** und wäre schöner, wenn es wirklich ein Weg wäre. Wir folgen ihm deshalb nur bis dorthin, wo ein markierter Weg nach rechts zum Goldriedsee abgeht. Es handelt sich um den alten Almweg, der schon vor dem Straßenbau im Zuge der Lifterschließung – vor allem

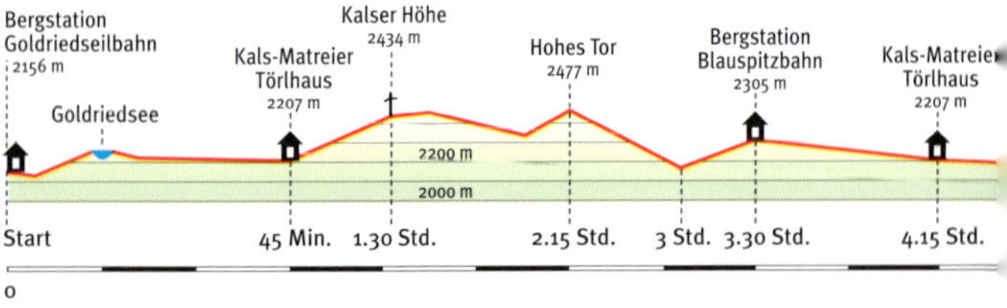

*Erste Station der Tour: Das Kals-Matreier Törlhaus*

für den Wintertourismus – existierte. Wir erreichen die Lacke des **Goldriedsees** und gehen nordwärts weiter, bis wir wieder die Straße erreichen und eine Viertelstunde später das **Kals-Matreier-Törl** mit dem gleichnamigen Haus (45 Min.).

**Variante**

Wer ungern stark frequentierte Hüttenzufahrtsstraßen geht, kann dem letzten Straßenstück ausweichen: Wegspuren führen vom Goldriedsee in nordöstlicher Richtung zum Cimaross-Gipfel, wobei man den Schlepplift *nicht* unterquert. Vom Gipfel führt ein markierter Weg hinunter zum Kals-Matreier-Törl.

Am Törl meist viele Leute, Schlangestehen für Essen und Getränke. Vor allem aber: Blicke auf den Großglockner, der genau gegenüber steht. Da vergisst man, auf die Uhr zu schauen!

Vom Törl geht man in nördlicher Richtung weiter, wobei man auf die Kalser Seite des Gebirgszuges wechselt. Nach zwei Minuten hält man sich an einer Gabelung links, der eingeschlagene Weg führt entlang der Wasserscheide zur **Kalser Höhe** hinauf (1.30 Std.). Bei der kurz darauf folgenden Gabelung wählen wir den linken Weg, der wieder in die Matreier Flanke des Muntanitz-Gruppe, wie die Gebirgskette genannt wird, hineinführt. Ab sofort ist Trittsicherheit nötig: Der Weg ist nicht ausgesetzt, ein Danebentreten kann im sehr steilen Hang aber zu gefährlichen Situationen führen – bei nassem Wetter oder gar bei Regen ist von der Begehung abzuraten. Zunächst geht es ziemlich ohne Höhenverlust weiter, dann aber blockiert ein weit hinabreichender Felsriegel den Weiterweg, wir müssen in ein paar Serpentinen an seinen Fuß, um jenseits wieder aufzusteigen. Aufatmend erreichen wir das **Hohe Tor** (2.15 Std.) und haben

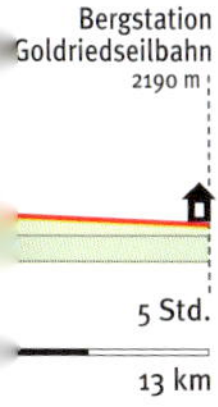

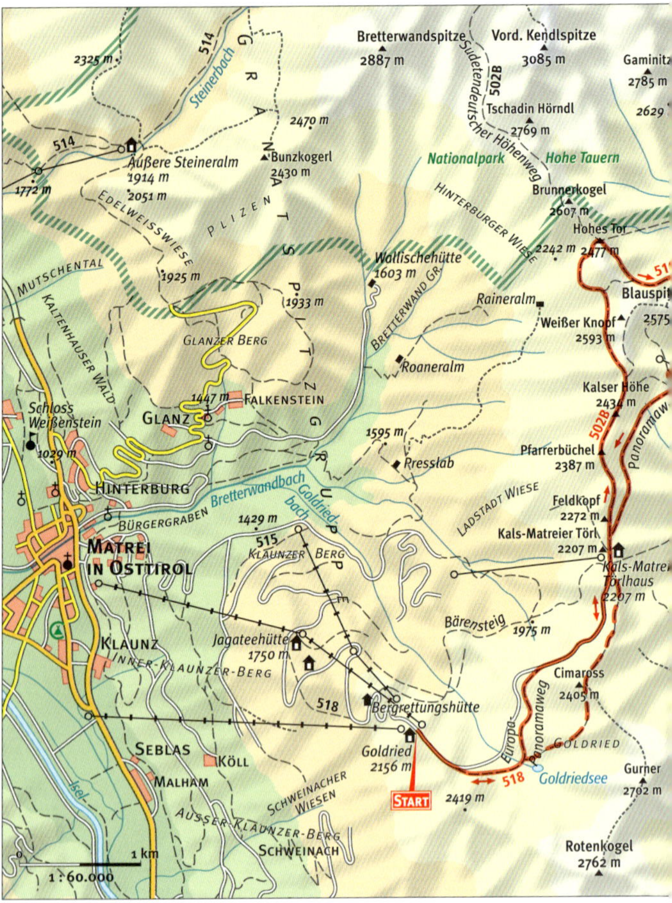


wieder den Großglockner vor uns.

Es geht nach rechts weiter, zunächst kurz auf dem Rücken, dann queren wir die schuttreiche Flanke des Gebirgsstockes von Blauspitze und Weißem Knopf, die wir auf unserer Wanderung umrunden. Nun wird auch klar, warum die Blauspitze so heißt: Das Gestein zu unseren Füßen ist blau gefärbt, es handelt sich um Serpentin. Wir werden allmählich abwärts geführt, die zwei Wegabzweigungen nach rechts beachten wir nicht. Unter uns kommt ein Sporn in Sicht, auf den eine Straße führt, das Haus dort ist das Bergrestaurant Glocknerblick. Nun kommt es darauf an, die Einmündung unseres Wanderweges in einen hangparallelen Querweg (3 Std.) nicht zu übersehen und diesen nach rechts einzuschlagen. Er führt uns in Richtung eines Kares, das wir durch ein von Latschen überwachsenes Bergsturzgelände queren, bis wir unter einem Sessellift stehen. Dort

nach rechts aufwärts zur deutlich erkennbaren **Bergstation Blauspitzbahn** (3.30 Std.), deren Konservengedudel für die Gäste im Speisesaal des Restaurants bis zu uns Wanderern dringt. Wir passieren die Bergstation und gehen auf einem breiten Weg durch Lawinenbefestigungen zu einem kleinen Sattel links oberhalb der Bergstation, wo uns eine zumeist besetzte Bank und ein freier Blick entschädigen. Hier beginnt der fast ebene **Europa-Panoramaweg** durch die Wiesen unter der Kalser Höhe – hier ist er wirklich ein Fußweg. Wer hier schon einmal war oder eine alte Karte verwendet, wird etwas verwirrt sein: Diese Anlage ersetzt seit 1997 einen älteren Weg gleichen Namens, der vom Bergrestaurant Glocknerblick aus ebenfalls zum Kals-Matreier-Törl führte – man sieht ihn auf dem Weg hinüber immer wieder unter sich, er wird heute nicht mehr benutzt.

Der Panoramaweg durchquert besonders artenreichen Blumenrasen, wer sie erkennt, kann direkt am Wegrand die recht seltene Traunsteinersche Kugelorchidee *(Traunsteinera globosa)* entdecken.

Ankunft beim **Kals-Matreier-Törl** und dem **Törlhaus** (4.15 Std.). Wir gehen auf dem Sträßchen Richtung Goldried, diesmal ohne Abstecher zum Goldriedsee und sind in einer guten halben bis dreiviertel Stunde zurück beim **Goldriedlift** (5 Std.).

## Ab Kals

Zu diesem aussichtsreichen Rundweg gibt es Aufstiegshilfen von Matrei in Osttirol und von Kals am Großglockner. Die Beschreibung folgt dem Abgangsort Matrei. Wer von Kals beginnt, nimmt die Blauspitzbahn und beginnt von der Bergstation, wie unten beschrieben, wobei die Strecke Goldried–Kals–Matreier Tauernhaus ausgelassen wird. An der Bergstation wendet man sich zum oberhalb beginnenden und nach links führenden Panoramaweg. Knapp vor dem Kals-Matreier Törlhaus wendet man sich, wie weiter oben beschrieben, nach rechts in Richtung Kalser Höhe.

Tour 32

# See mit steinernen Tischen

## Von Kals zum Dorfer See

Durch die enge, dunkle Daberklamm weht morgens ein kalter Wind – wie angenehm, dann in das breite, sonnige Dorfertal zu kommen! Vom freundlichen Kalser Tauernhaus geht es zum Dorfer See, der smaragdenen Wasserfläche zwischen Gesteinstrümmern.

### DIE WANDERUNG IN KÜRZE

\+ Anspruch

6.30 Std. Gehzeit

1050 m An-/Abstieg

**Charakter:** Leichte Wanderung auf Almzufahrtssträßchen, einem gut gesicherten Felsensteig durch die Klamm und gutem alpinem Steig; im Bergsturzgebiet beim Dorfer See verläuft der Steig über Gesteinstrümmer, Vorsicht ist angebracht!

**Wanderkarten:** ÖK 153 Großglockner, F&B 181 Kals Heiligenblut Matrei oder 122 Großglockner Kaprun Zell am See, Kompass 39 Glocknergruppe NP Hohe Tauern

**Einkehrmöglichkeiten:** Hotel Taurer, Bergeralm, Kalser Tauernhaus, Gasthöfe in Kals

**Anfahrt:** **Bus** oder **Auto** von Mittersill über Felbertauernstraße oder Lienz bis Matrei-Huben, von dort in das Kalser Tal bis Kals

**Unterkunft:** Hotel Taurer: Tel. 04876/8226, Fax -82 26 11, www.tiscover.com/taurerwirt; Kalser Tauernhaus: Tel. 0663/85 70 90, 20 Betten, 28 Lager, Anf. Juni – Mitte Okt.

**Hinweise:** Wenn man den Kulturwanderweg Kals an einem gesonderten Tag plant, kann man auch am Hotel Taurer beginnen und enden, die Gehzeit verkürzt sich dann auf 4.15 Std. Bis zum Hotel Taurer führt die öffentliche Fahrstraße von Kals, während der österreichischen Schulferien (2. Woche Juli – 1. Woche Sept.) verkehrt auch der Bus bis dorthin.

**Buchtipp:** Die Broschüre »Kulturwanderweg Kals« (Naturkundlicher Führer zum Nationalpark Hohe Tauern Band 9) gibt es in der Touristeninformation der Gemeinde Kals im Glocknerhaus.

In **Kals** nimmt man an der Pfarrkirche direkt neben dem Glocknerhaus (interessante Ausstellung über die Geschichte der Großglocknererschließung!) die weiter nach Großdorf und taleinwärts führende Straße. Man folgt ihr bis vor die Brücke über den Kalserbach (Bushaltestelle Unterburg), wo man sich nach rechts (Schild »Stockmühlen«) begibt. 10

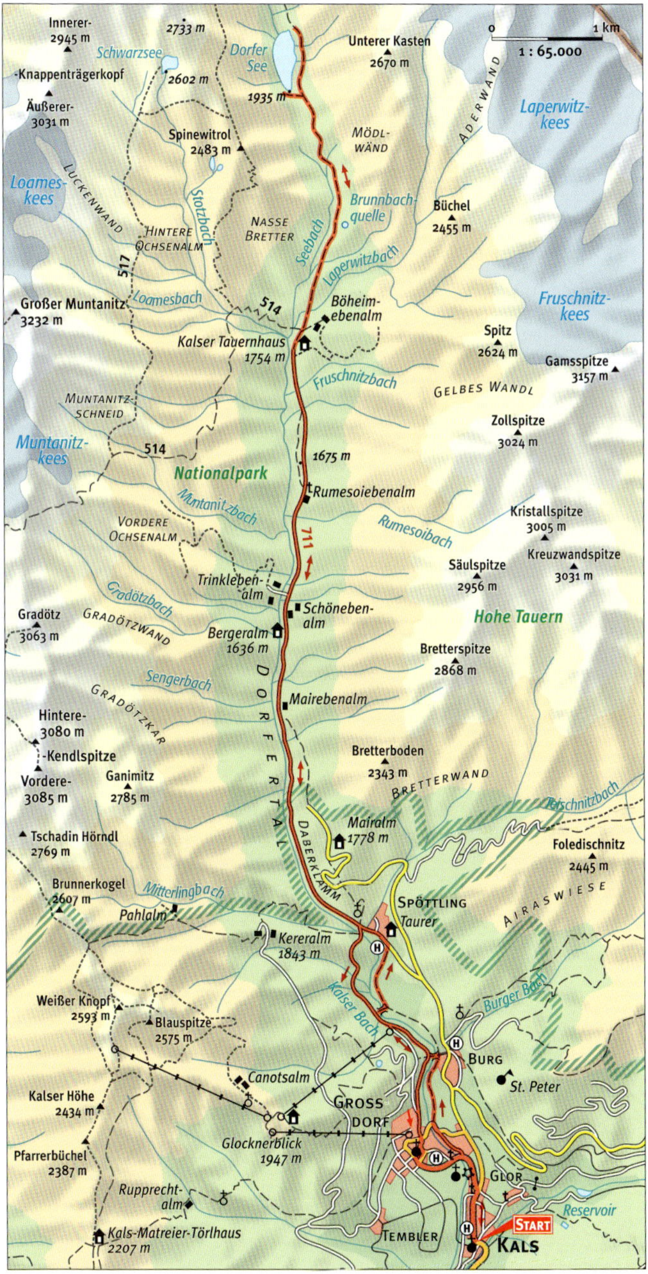
0 1 km
1 : 65.000
Innerer-
2945 m
2733 m
Schwarzsee
Dorfer See
Unterer Kasten
2670 m
-Knappenträgerkopf
2602 m
Äußerer-
3031 m
1935 m
Laperwitz-
kees
Aderwand
Spinewitrol
2483 m
Mödl-
wänd
Loames-
kees
Luckenwand
Stotzbach
Brunnbach-
quelle
Büchel
2455 m
Hintere
Ochsenalm
Nasse
Bretter
Seebach
Laperwitzbach
517
Loamesbach
514
Großer Muntanitz
3232 m
Böheim-
ebenalm
Fruschnitz-
kees
Kalser Tauernhaus
1754 m
Spitz
2624 m
Gamsspitze
3157 m
Fruschnitzbach
Gelbes Wandl
Muntanitz-
schneid
Zollspitze
3024 m
Muntanitz-
kees
514
1675 m
Nationalpark
Rumesoiebenalm
Muntanitzbach
Kristallspitze
3005 m
Vordere
Ochsenalm
711
Rumesoibach
Kreuzwandspitze
3031 m
Säulspitze
2956 m
Trinkleben-
alm
Gradötzbach
Schöneben-
alm
Hohe Tauern
Gradötz
3063 m
Gradötzwand
Bergeralm
1636 m
Bretterspitze
2868 m
Sengerbach
Dorfertal
Gradötzkar
Mairebenalm
Hintere-
3080 m
-Kendlspitze
Bretterboden
2343 m
Vordere-
3085 m
Ganimitz
2785 m
Bretterwand
Teischnitzbach
Mairalm
1778 m
Daberklamm
Tschadin Hörndl
2769 m
Foledischnitz
2445 m
Brunnerkogel
2607 m
Mitterlingbach
Spöttling
Taurer
Airaswiese
Pahlalm
Kereralm
1843 m
Kalser Bach
Burger Bach
Weißer Knopf
2593 m
Blauspitze
2575 m
Burg
Canotsalm
St. Peter
Kalser Höhe
2434 m
Gross
dorf
Glocknerblick
1947 m
Pfarrerbüchel
2387 m
Glor
Rupprecht-
alm
Reservoir
Start
Kals-Matreier-Törlhaus
2207 m
Tembler
Kals

Min. später erreicht man eine weitere Brücke (Gratzbrücke), hier beginnt, ebenfalls auf dem linken Bachufer, der »Naturerlebnispfad« als Teil des Kulturwanderweges Kals. Als schmaler Weg führt er durch Wald entlang eines steilen Bachabschnittes, an dem die Kalser ihre Getreidemühlen bauten. Es sind Mühlen mit waagrecht rotierendem Mühlrad, alle fünf sind sehr gut erhalten und funktionstüchtig.

Oberhalb des schäumenden Bachlaufs des Mühlentals verläuft der Kalser Bach wieder ruhiger. Ein Nebenbach wird über einen Steg gequert (45 Min.), kurz darauf führt ein weiterer Steg über den Kalser Bach auf die rechte Talseite. Dort folgt man einem Staubsträßchen nach rechts (talaufwärts), passiert die **Talstation des Gschlössliftes** und findet 2 Min. später einen nach rechts über den Bach zum Taurer weisendes Schild. Wir queren den Bach und spazieren durch den Lawoareswald und zum **Hotel Taurer,** die letzten 100 m auf Asphalt (1.15 Std.).

Beim Taurer verengt sich das Sträßchen und verliert die Asphaltdecke, eine Sperre zeigt an, dass ab hier nur noch Berechtigte fahren dürfen. Wir nehmen das Sträßchen, das nach halblinks in die Schlucht des Kalser Baches und wenig später nach einer weiteren Talverengung in die **Daberklamm** (örtlich auch Dabaklamm geschrieben) leitet. Dort, wo das Sträßchen in einen Tunnel verschwindet, führt der Fußgängerweg auf hoch über dem Bach verlaufendem, gesichertem Weg die senkrechte Felswand entlang – ein faszinierender Anblick und ein großes (völlig sicheres) Erlebnis für Kinder jeden Alters.

Nach der kalten, oft windigen und gelegentlich nassen Passage durch Schlucht und Klamm erreicht man wieder die Straße (1.40 Std.) und die Talweitung oberhalb, den untersten Teil des almenreichen, von Dreitausendern begleiteten **Dorfertales** (im Westen bis zum Hohen Muntanitz, 3232 m, im Osten zu den Romariswandköpfen und der Teufelswand, beide 3511 m, am Tauernhauptkamm im Norden bis zur Granatspitze mit 3086 m). Nun kann man wieder zügig durch das fast flache Tal ausschreiten, passiert die Mairebenalm und die Jausenstation **Bergeralm** (2 Std.), dann die Alm Rumesoi-Eben und steht schließlich nach einer Waldpassage vor dem **Kalser Tauernhaus** (2.45 Std.).

Weiter auf dem Fahrweg über Weiden und durch lichten Lärchenwald, das geschützte Feuchtbiotop (Zaun) Feilmoos bleibt rechts. Ein Steig leitet weiter, wo der Fahrweg am Beginn der Steigung endet. Das hier beginnende Gelände ist auf einen gewaltigen Bergsturz zurückzu-

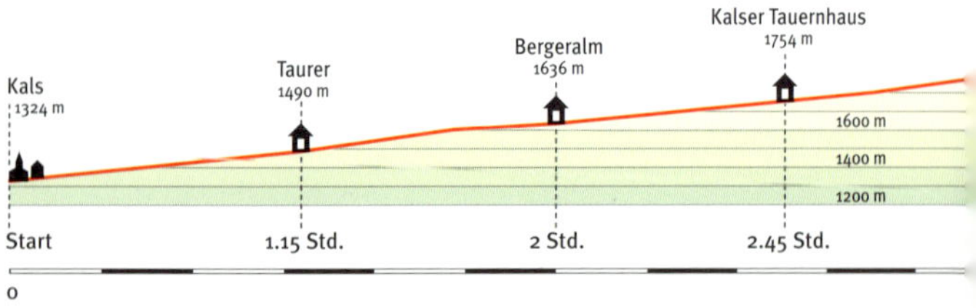

führen, der auch den Dorfer See aufstaute. Mit zwei Absätzen windet sich der Steig durch das felsige Gelände, während sich das Panorama des obersten Talschlusses des Dorfertales allmählich öffnet. Wenige kurze und windgepeitschte, nach Norden hin völlig abrasierte Bäume stehen hier, sie ähneln Kiefern: es sind Zirben, wie die Zählung der Nadeln je Schaft beweist (fünf müssen es sein).

Der **Dorfer See** (3.45 Std.) selbst wird bei Normalwasserstand über einen in die Abflussmulde – der eigentliche Abfluss ist unterirdisch – gelegten Steig erreicht, bei Hochstand, also meist im Frühsommer während der Schneeschmelze, muss man nach links auf einen ebenfalls markierten Weg über größere Felstrümmer ausweichen. Der See ist auf der Süd- und Ostseite von riesigen Felsbrocken gesäumt, einige liegen wie monumentale Picknicktische am und im Wasser. Oft treiben bis in den Juli die Reste der von links aus den Seewänden herunterstürzenden Lawinen im See, der smaragdenen Farbe dieses Gewässers können sie nichts anhaben.

Der Rückweg erfolgt bis zum Beginn der Schlucht auf dem Hinweg, wobei sich eine Rast am **Kalser Tauernhaus** (4.30 Std.) oder an der **Bergeralm** (5 Std.) anbietet. Nach der Schlucht wendet man sich nicht zum Taurer, sondern nimmt den an einer Brücke beginnenden, nach rechts führenden Fahrweg, den wir teilweise schon im Anstieg benutzt haben. Diesmal folgen wir ihm ohne Abstecher bis **Großdorf** (6.15 Std.), wo wir uns dem Sträßchen hinunter zum Kalser Bach und nach **Kals** anvertrauen (6.30 Std.).

## Kals

Kals ist eine aus mehreren Weilern bestehende Gemeinde. Der Ort, in dem sich Pfarrkirche und Gemeindeverwaltung befinden, wurde früher Ködnitz genannt, ist heute aber nur noch als Kals (am Großglockner) bekannt. Die anderen Ortsteile, Großdorf, Glor, Lana, Unter- und Oberlesach sowie Arnig sind fast eigenständige Dörfer und Weiler, die durch ein dichtes Netz alter Wege verbunden sind. Immer noch ist der bäuerliche Lebensstil intakt, werden Wiesen gemäht und Bauerngärten gepflegt, ein paar Kartoffelfelder angelegt, die Tiere auf die Alm getrieben und wieder zurück. Fünf alte, aus Holz gebaute Getreidemühlen am Kalser Bach erinnern daran, dass früher auf den heutigen Wiesen zumeist Getreide angebaut wurde, und dass das Heu fürs Vieh im Winterstall von den Hochmähdern kam. Unsere Wanderung führt an diesen

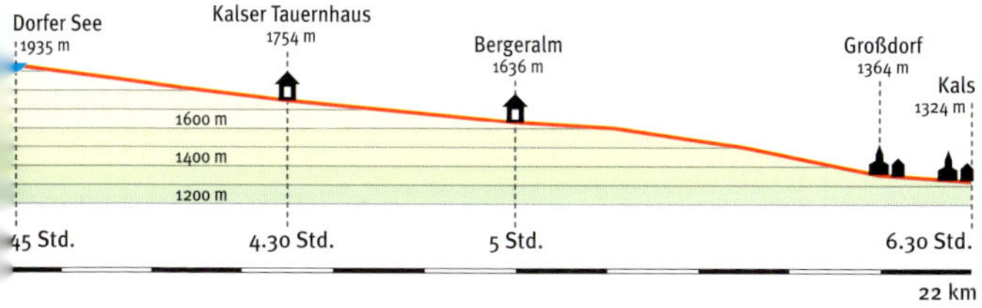

*Der Dorfer See*

Mühlen vorbei, wer sie in Betrieb sehen und das dort gemahlene Mehl nach Hause nehmen will, besucht sie am Donnerstag nachmittags zwischen Anfang Juli und Mitte Oktober.

# Enzianwiese mit Glocknerblick

## Von Kals zum Lucknerhaus und auf die Greiwiesen

Das alte Sträßchen zum Lucknerhaus ist heute Wanderweg – unserer. Vom Lucknerhaus mit Glocknerblick geht es über die aussichtsreichen Greiwiesen zurück nach Kals.

### DIE WANDERUNG IN KÜRZE

**+** Anspruch

**6 Std.** Gehzeit

**800 m** An-/Abstieg

**Charakter:** Leichte Wanderung auf Almzubringerstraßen und guten Steigen, im Abstieg etwas steil

**Markierung:** Keine Markierungen, aber örtliche Hinweisschilder und einfache Orientierung, also kaum zu verfehlen.

**Wanderkarten:** ÖK 153 Großglockner, F&B 181 Kals Heiligenblut Matrei oder 122 Großglockner Kaprun Zell am See, Kompass 39 Glocknergruppe NP Hohe Tauern

**Einkehrmöglichkeiten:** Lucknerhaus, Gasthöfe und Hotels in Kals

**Anfahrt:** **Bus** oder **Auto** von Mittersill über Felbertauernstraße oder Lienz bis Matrei-Huben, von dort in das Kalser Tal bis Kals

**Unterkunft:** Lucknerhaus: Tel. 048 78/8555, Fax -85555, www.lucknerhaus.at

Bei der Pfarrkirche in **Kals** nimmt man das hier beginnende Sträßchen nach **Glor,** der Gasthof Ködnitzhof bleibt rechts. Hinter den Häusern des Kalser Weilers Glor wendet sich die Straße nach links und zieht im Bogen in das bewaldete Ködnitztal hinein. Zunächst ist sie recht steil, man fragt sich, wie hier jemals Autos fahren konnten, schließlich war dies vor der Erbauung der neuen Straße zum Lucknerhaus die übliche Straßenverbindung durch das Ködnitztal. Ein Weg mündet von links ein, der Wegweiser weist nach Burg, wir werden hier auf dem Rückweg wieder auf die alte Straße gelangen. Bei einem Bildstock wird die Straße flacher (40 Min.), wenig später zweigt rechts das Sträßchen zum Biohof Rainerhof ab (mit Highland Cattle und Pferden für Tauerntrecks nach alter Saumerart). Die Höfe von **Berg,** wie dieser Teil von Kals heißt, liegen am steilen Hang, wir gehen nun durch die Wiesen, die wie eh und je bewirtschaftet werden. Ein Bachtal wird gequert, die Hofgruppe **Tinkl** bleibt links. Bei einem weiteren Heiligenbild am Baum rechts (1.10 Std.) beginnen die Wiesen des **Groderhofs,** ab hier ist die Straße asphaltiert. Wir folgen ihr bis zu einer scharfen Linkskurve, bei der wir geradeaus und gleich wieder links gehen. Die alte Straße ist hier in die Felsen gesprengt. Nach dieser Passage wieder Wald, ein Durchblick in die Berge öffnet sich und der gewagte Zahn der Medelspitze zeigt sich.

Die alte Straße mündet in die neue (Maut-) Straße zum Lucknerhaus, der wir nun leider folgen müssen, ein Abschneider bringt nicht viel; das Lucknerhaus ist ja auch nicht mehr weit. Zuvor öffnet sich noch das volle Panorama des oberen Ködnitztales mit dem großartigen Aufbau der Glocknergruppe und dem dominierenden Großglockner.

Beim **Lucknerhaus** (1.45 Std.) geht man links unterhalb auf den gekennzeichneten Steig (»Greiwiesen, Greibühel«), der gleich recht steil loslegt, aber nicht lang. Nach 20 Höhenmetern passieren wir die Grenze des Nationalparks, dann geht es über Almwiesen und durch Erlengebüsch bis zu einer Verflachung mit zwei Bänken (2.15 Std.). Genussrast!

Von hier aus quert der schmale Weg die Greiwiesen; wir können einen Großteil des Anstiegs vor uns erkennen. Der Anblick des Großglockners begleitet uns noch ein Stück weit, dann verschwindet er abrupt hinter den zum Figerhorn über uns hinauf leitenden Hängen. Ein riesiger Felsblock mit Bank wird passiert und, knapp vor dem Greibichl, eine Quelle rechts oberhalb des Weges. Auch auf dem **Greibichl** (3 Std.), einer kleinen Erhebung in den Greiwiesen, stehen Bänke, aber wahrscheinlich ist es besser, sich irgendwo ins Gras zu werfen und den Ausblick mit unter dem Kopf verschränkten Armen zu genießen. Dabei muss man aufpassen, dass man nicht die schönsten Blumen zerdrückt, denn Alpenküchenschelle, Stengelloser Enzian, Goldfingerkraut, Mehlprimel und Schopfiges Läusekraut, Alpenaster, Wundklee, Kohlröserl, Hohlzüngel und viele andere Blütenpflanzen blühen hier dicht an dicht. Die artenreichen Rostseggenrasen dieser Bergwiesen werden heute nicht mehr bewirtschaftet, früher waren sie für die winterliche Heuversorgung des Viehs von größter Bedeutung.

Nach ausgiebiger Rast geht es weiter, nämlich: sanft abwärts über die Wiesen. Am anderen Ende der Greiwiesen kommen ein paar Bäume auf, Lärchen sind es; der Weg nähert sich dem bewaldeten Steilhang oberhalb Glor und erreicht ihn. Links geht es enorm steil in den Wald hinein, nach rechts ist die Neigung wesentlich geringer und kleine Wiesen öffnen sich zwischen den Lärchen. Der Weg macht einen Knick nach rechts (3.45 Std.) und verläuft als Serpentinensteig bergab durch Lärchenwald mit Erlengebüsch an den feuchteren Stellen und einigen Fichtenwald-

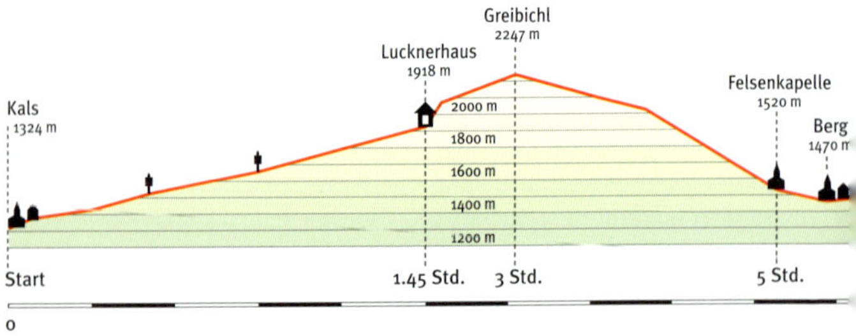

*Groß und mächtig wächst der Großglockner aus dem Ködnitztal empor*

stücken. Ein altes, offenes Almgebäude bleibt links (Bank an der Talseite), im steilen Hang unterhalb haben viele Lärchen krummen Wuchs, was auf Rutschungen hindeutet.

Man erreicht eine Forststraße (4.15 Std.), geht etwa 30 m nach rechts und findet die Fortsetzung des Steigs (Schild), kommt nach weiteren 5 Min. bei einer überwachsenen Forststraße heraus, der man nach rechts folgt. Sie mündet in die erste, gute Forststraße, der wir abwärts in einen großen Linksbogen folgen. Sowie wir dabei aus dem Wald heraustreten, führt ein Forstweg nach rechts abwärts (kein Schild), wir schlagen ihn ein und erreichen, nachdem wir eine große Kurve abgeschnitten haben, wieder die Forststraße. Auf dieser geht es abwärts, in einer Rechtskurve kann

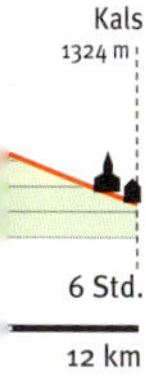

man gut auf Großdorf hinunter blicken.

Eine Holzbrücke überquert den **Burger Bach,** jenseits führt ein Miniabstecher nach rechts zur **Felsenkapelle** (5 Std.). Sie ist in einen hohen, überhängenden Felsen eingeschnitten, ein dünnes Wasserrinnsal kommt rechts davon aus dem Felsen. Die Marienkapelle steht auf einem alten Kultplatz, man fand 50 bis 60 kreisförmig aufgestellte Steinbockschädel, die um die 6000 Jahre (maximal) alt sind.

Nach der Kapelle führt der Fahrweg hinunter zur Straße von Kals zum Taurer. Wir folgen ihr nach links über die Brücke, verlassen sie aber gleich wieder und gehen nach links in den Weiler **Burg** hinein. Vor der Alpenpension Burgerhof (in deren Privatsammlung sich Teile der Funde aus der Felsenkapelle befinden) geht man links auf den dort beginnenden Waldwanderweg (Schild). Er führt zuerst über eine Wiese und dann in den Wald, der sich, anfänglich ein Fichtenforst, als wunderschöner Lärchenwald in Steillage entpuppt (gute Sicherungen). Viel zu schnell ist man an der Mautstraße zum Lucknerhaus angelangt. Nach der Querung 20 m nach rechts und auf einen Steig (Schild), der flott am Waldrand bergab führt. Man kommt an der Stelle der alten Straße heraus, die man vom Aufstieg schon kennt, ein Mariahilf-Bildstöckl grüßt uns. Nach rechts und über **Glor** zurück zur Pfarrkirche von Kals, unserem Ausgangspunkt (6 Std.).

## Das Glocknerhaus in Kals

Zum Jubiläumsjahr 2000 leistete sich die Osttiroler Gemeinde Kals einen Neubau im Ortszentrum etwas oberhalb der Kirche, das »Glocknerhaus«. Man hatte die 200 Jahre seit der Erstbesteigung des Großglockners zu feiern, und auch wenn der Berg damals nicht von Kals (sondern von Heiligenblut in Kärnten) aus bestiegen worden war, fühlten sich die Kalser Dank ihrer Bergführer doch

*Das Kalser Tauernhaus*

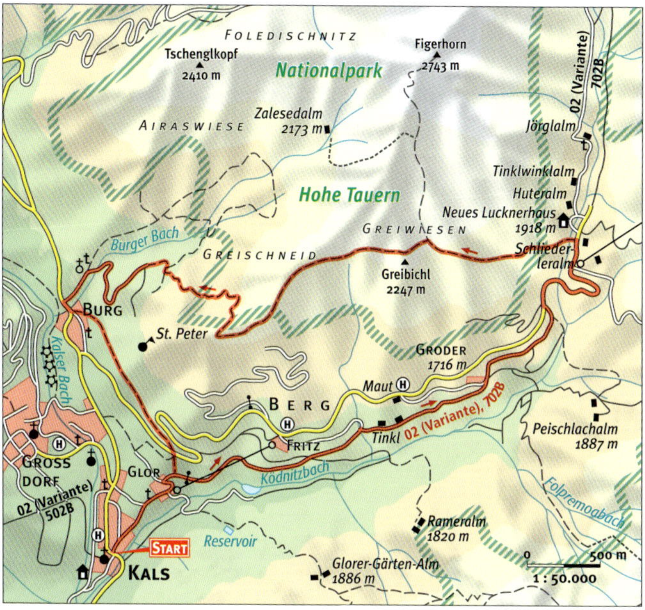


intensiv mit diesem Berg verbunden. Es entstand ein schlichter, funktionaler Bau, dessen oberes Stockwerk (das auf Straßenniveau liegt) der Nationalparkinformation dient, während im Untergeschoss eine ständige Ausstellung zum Glockner, der Geschichte seiner Besteigung sowie zur Kulturlandschaft um Kals zu sehen ist. Kaum zu glauben, mit welcher primitiven Ausrüstung damals schwerste Touren gemacht wurden: genagelte Straßenschuhe, eine dicke Jacke über dem Jackett, keine modernen Textilien, keine Gewicht sparenden gefriergetrockneten Lebensmittel, die Seile aus schwerem, bei jedem Regen sich vollsaugenden Hanf, riss- und – am Gletscher – schnittgefährdet. Aber auch die Exponate zu den Führern aus Kals, zu dem Bauerndorf, das Kals damals noch war, mit Getreideäckern und Kornmühlen entlang der Bäche. Anschauen!

# Hüttenglück am Höhenweg

## Vom Lucknerhaus zur Glorer Hütte und zur Salmhütte

Vom Lucknerhaus und von der Salmhütte genießt man auf diesem Rundweg spektakuläre Blicke auf den Großglockner – gänzlich verschiedene. Von der Salmhütte führt der aussichtsreiche Wiener Weg zum Peischlachtörl, diesmal mit Blicken auf Muntanitz- und Venedigergruppe.

### DIE WANDERUNG IN KÜRZE

++ Anspruch

8 Std. Gehzeit

1000 m An-/Abstieg

**Charakter:** Mittelschwere Tour auf guten Wegen und alpinen Steigen, eine Stelle gesichert und bei Nässe oder Schneelage gefährlich, Umgehung möglich

**Wanderkarten:** ÖK 153 Großglockner, F&B 123 Matrei Defereggen Virgental, Kompass 38 Venedigergruppe Oberpinzgau

**Einkehrmöglichkeiten:** Lucknerhaus, Glorer Hütte, Salmhütte

**Anfahrt: Postbus** von Kals zum Lucknerhaus; mit dem **Auto:** Großparkplatz jenseits des Baches

**Unterkunft:** Lucknerhaus: Tel. 04876/8555, lucknerhaus@tiro.com (32 Betten, 20 Lager, Anf. Mai–Ende Okt.); Glorer Hütte: Tel. 0664/3032200 (10 Betten, 40 Lager, Ende Juni – Anf. Okt.), Salmhütte: Tel./Fax 04824 2089 (25 Betten, 25 Lager, Anf. Juli–Ende Sept.)

**Abkürzung:** Verzichtet man auf den Übergang zur Salmhütte, ist der schöne Rundweg zur Glorer Hütte und zum Peischlachtörl auch für Familien an einem Tag gut zu schaffen.

Die Tour beginnt bei der großen Schautafel am Parkplatz gegenüber dem **Lucknerhaus.** An ihr vorbei führt ein Steig nach Süden in den Wald und auf die große Lichtung der **Schliederlealm.** Hier ist der Trubel, der beim Lucknerhaus herrscht, fast schon wieder vergessen, denn die meisten Besucher gehen taleinwärts. Unser Weg zum Bergertörl mündet in die Almerschließungsstraße ein, auf der wir nach links gehen. Wir queren Wiesen, erreichen den Wald, betreten wieder die Mähwiesen. Allmählich wird der Fahrweg zum Fuhrweg, dann zum Karrenweg, und ab einem Hüttchen mit Bank (1 Std.), an der man sehr schön ausruhen kann, wird er zum Fußweg.

Durch die Almwiesen der **Tinklwinklalm** (die Hütte selbst sieht man nicht) geht es zuerst recht steil, dann flacher bergauf, zuletzt, schon knapp unter dem schon länger sichtbaren Bergertörl, noch einmal steiler. Die **Glorer Hütte** (2.15 Std.) ist eine willkommene Jausenstation.

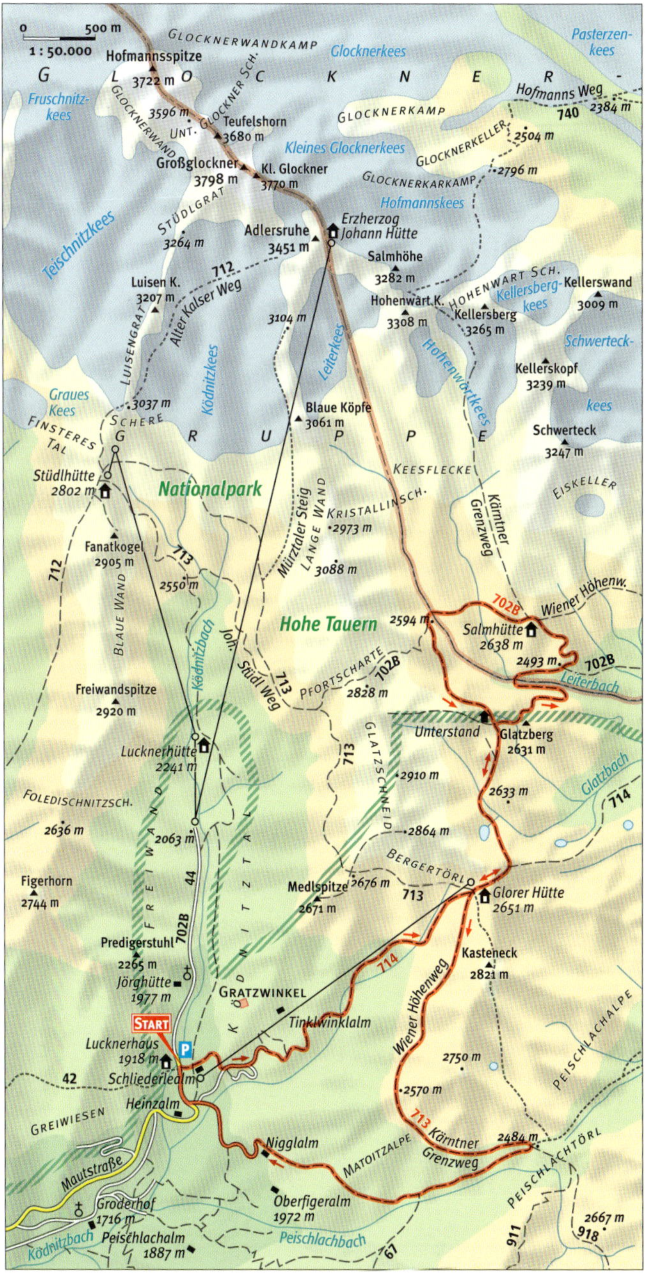

0 500 m
1:50.000
GLOCKNERWANDKAMP
G L O C K N E R - G R U P P E
Hofmannsspitze 3722 m
Glocknerkees
Pasterzenkees
Fruschnitzkees
Glocknerwand
Unt. Glockner Sch.
3596 m
Teufelshorn 3680 m
Hofmanns Weg
740
2384 m
Glocknerkamp
Glocknerkeller
2504 m
Kleines Glocknerkees
Großglockner 3798 m
Kl. Glockner 3770 m
Glocknerkarkamp
2796 m
Hofmannskees
Stüdlgrat
Teischnitzkees
3264 m
Adlersruhe 3451 m
Erzherzog Johann Hütte
Salmhöhe 3282 m
Luisen K. 3207 m
712
Alter Kalser Weg
Hohenwart Sch.
Kellersbergkees
Kellerswand 3009 m
Hohenwart K. 3308 m
Kellersberg 3265 m
3104 m
Luisengrat
Ködnitzkees
Leiterkees
Hohenwartkees
Schwerteckkees
Kellerskopf 3239 m
Graues Kees
3037 m
Schere
Finsteres Tal
Blaue Köpfe 3061 m
Schwerteck 3247 m
Keesflecke
Stüdlhütte 2802 m
Nationalpark
Eiskeller
Kristallinsch.
Lange Wand
Mürztaler Steig
2973 m
Kärntner Grenzweg
Fanatkogel 2905 m
713
2550 m
3088 m
Blaue Wand
Hohe Tauern
2594 m
702B
Wiener Höhenw.
Salmhütte 2638 m
2493 m
Leiterbach
Ködnitzbach
Joh. Stüdl Weg
Pfortscharte
2828 m
Freiwandspitze 2920 m
Unterstand
Glatzberg 2631 m
Lucknerhütte 2241 m
Glatzschneid
2910 m
Glatzbach
714
Foledischnitzsch.
2633 m
Freiwand
2636 m
2063 m
2864 m
Ködnitztal
44
Bergertörl
Figerhorn 2744 m
Medlspitze 2671 m
2676 m
Glorer Hütte 2651 m
Predigerstuhl 2265 m
Kasteneck 2821 m
Jörghütte 1977 m
Wiener Höhenweg
Gratzwinkel
Tinkelwinklalm
Peischlachalpe
START
Lucknerhaus 1918 m
P
2750 m
42
Schliederlealm
Heinzalm
2570 m
Greiwiesen
Nigglalm
Matoitzalpe
Kärntner Grenzweg
2484 m
Peischlachtörl
Mautstraße
Groderhof 1716 m
Oberfigeralm 1972 m
911
2667 m
918
Ködnitzbach
Peischlachalm 1887 m
Peischlachbach
67

**Abkürzungsmöglichkeit**
Wer ahnt, dass ihm die 8 Stunden dieser Tour doch zu lang sind, kann jetzt gleich nach rechts und Süden auf dem Wiener Weg Richtung Peischlachtörl wandern (s. S. 144).

Auf der anderen Seite des Bergertörls geht der Weg zunächst etwas bergab, verläuft dann aber in den linken Hang hinein, wo ein kurzer Abstecher (Trampelpfad) zu einem Seelein führt, das versteckt etwas oberhalb liegt. Mehrere Rinnsale und

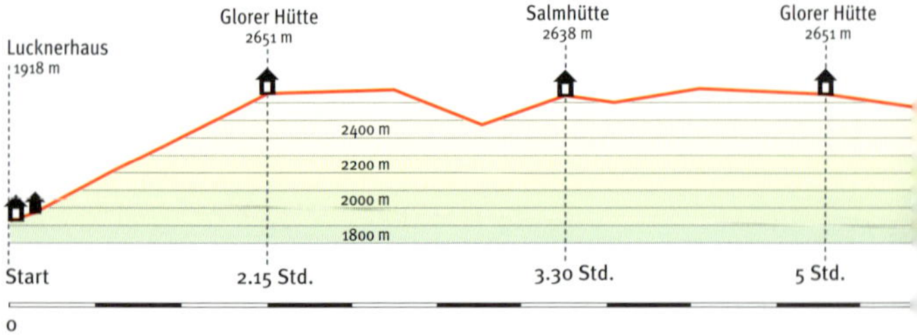

*Blick zur Salmhütte und zum Schwerteck*

kleine Bäche werden gequert. Die glänzend weißen Steine in den Bachbetten sind wie der weiße Streifen in der Glatzschneid über uns reiner Quarz.

Bei einer Weggabelung mit Schild gehen wir rechts. Der Steig senkt sich mit wenigen Serpentinen über einen schrofigen Hang hinunter, ein Bach wird gequert, und jenseits geht es wieder über schöne Wiesen hinauf bis zur **Salmhütte** (3.30 Std.). Von ihr hat man einen phantastischen Blick auf den Großglockner, und wenn man durch das Fernglas in der Gaststube schaut, kann man die Menschen auf dem Glocknergipfel beobachten.

Der Weiterweg führt von der Hüttentür nach links und bei der folgenden Gabelung wieder nach links in Richtung Pfortscharte/ Stüdlhütte. Man quert ein wasserreiches Kar, die Blicke zum Großglockner, der direkt über uns steht, sind unvergesslich. Bei einer Gabelung 25 Min. später halten wir uns aber links in Richtung Glorer Hütte. Die nun folgende Passage ist bei Vereisung gefährlich und sollte von Ungeübten und ohne Sicherung nicht probiert werden: Der Schnee bleibt an diesem schrofigen Hang bis lange in den Sommer liegen und kann besonders am Vormittag vereist und deshalb sehr unangenehm sein. Man informiere sich beim Hüttenwirt der Salmhütte über die Situation und gehe eventuell auf dem Herweg zur Glorer Hütte zurück.

Hat man diese Stelle überwunden, findet man nach einem Bretterhüttchen wieder den Wegweiser, der auf die Gefährlichkeit der Stelle hinweist (von der Salmhütte aus gibt es kein Warnschild!). Nun auf dem Hinweg zur **Glorer Hütte** (5 Std.), dort aber nicht ins Tal hinunter, sondern nach links auf den **Wiener Weg.** Dieser schöne Höhenweg führt ohne großen Höhenverlust sehr aussichtsreich (Glocknergruppe, vor al-

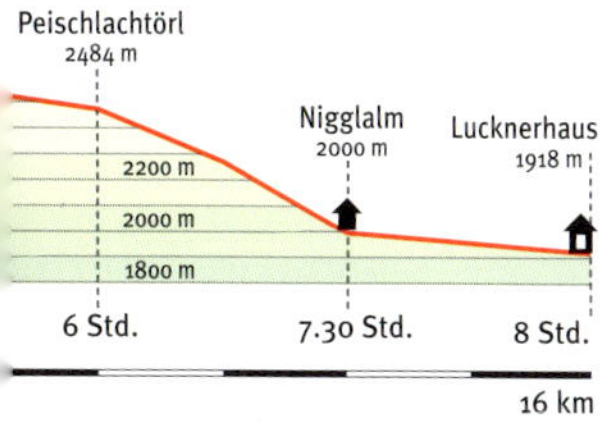

lem aber Muntanitzgruppe) durch von Steinblöcken übersätes hochalpines Gelände zum **Peischlachtörl** (6 Std.). Schön ist der Blick von dort ins Moosbachtal, durch das kein markierter Weg führt, man möchte am liebsten hinunter und sich als Pionier fühlen.

Vom Peischlachtörl geht man kurz zurück bis zur Abzweigung des Weges hinunter zum Lucknerhaus, um auf diesem abzusteigen. Er führt als schmaler Steig 10 bis 30 m oberhalb des Peischlachbaches durch blumenreiche Wiesen. Ein Steg wird von uns nicht benutzt, statt dessen führt unser Weg jetzt vom Bach weg und bald in Serpentinen durch einen Erlen- und Lärchenwald hinunter zur **Nigglalm** – dieses Teilstück ist ziemlich nass. Bei der Nigglalm erreichen wir ein Zufahrtssträßchen, dem wir abwärts bis zu einer Straßengabelung folgen. Wir gehen rechts und kommen zur **Schliederlealm,** die wir vom Aufstieg her kennen, und finden dort den Weg hinunter zum Parkplatz und zum **Lucknerhaus** (8 Std.)

*Nicht mehr so selten: Steinwild*

## Steinwild

Nein, es heißt nicht Steinbock, sondern Steinwild, auch wenn beide Geschlechter Hörner haben (und selbst der Tierführer des Nationalparks Hohe Tauern vom Steinbock spricht). Das Alpensteinwild schätzt die Höhen zwischen 2000 und 3500 m, möglichst südexponierte und von Felsen durchsetzte Grashänge der Zentralalpen. Das sind nämlich trockene Hänge, auf denen der wenige Schnee nicht lange liegen bleibt und so auch im Winter Nahrung zu finden ist, und die Höhenlage wie die Felsen bieten Schutz vor natürlichen Feinden. Welchen? Den Menschen. Seit dem Mittelalter galt geriebenes Steinbockshorn als krampflösend und entgiftend. An keinem Amulettketterl fehlte ein Steinbockshorn, zumindest ein kleines Stück davon und in Hornform geschnitzt. Das Steinwild wurde so lange gejagt, um an dieses Horn zu kommen, dass trotz zahlloser Gegenmaßnahmen der Grundherren im Raum des heutigen Österreich bereits vor einem Vierteljahrhundert keines dieser Tiere mehr lebte. Wenn man in den Hohen Tauern, wie im Kalsertal und um die Pasterze, heute wieder Steinwild beobachten kann, liegt das an Wiedereinbürgerungen (seit 1960) aus dem einzigen Gebiet, wo sie in den Alpen überlebt hatten, im Bereich des Gran Paradiso.

# Hochschoberblick von gastlicher Alm

**Von Kals auf den Lesachriegel und ins Lesachtal**

Kein anderer Standort übertrifft den Lesachriegel für einen Blick auf die Schobergruppe mit dem Hochschober. Dafür nimmt man gerne den steilen Aufstieg in Kauf, zumal der Rückweg entlang des Lesachbaches genussvolles Bummeln erlaubt.

## DIE WANDERUNG IN KÜRZE

**++** Anspruch

**5.30 Std.** Gehzeit

**800 m** An-/Abstieg

**Charakter:** Wegen des steilen Anstiegs auf Wegspuren mittelschwer, sonst Almzubringerstraßen und gute Steige; der Bachweg des Abstiegs ab der Lesachhütte kann besonders im Frühsommer wegen Murenschäden und Lawinenschnee noch gesperrt sein, in diesem Fall nimmt man das Almzufahrtssträßchen

**Markierung:** Keine Markierungen, aber örtliche Hinweisschilder

**Wanderkarten:** ÖK 153 Großglockner und 179 Lienz, F&B 181 Kals Heiligenblut Matrei oder 122 Großglockner Kaprun Zell am See, Kompass 39 Glocknergruppe NP Hohe Tauern

**Einkehrmöglichkeiten:** Lesachriegelhütte, Lesachhütte, Lesacherhof, mehrere Gasthöfe und Hotels in Kals

**Anfahrt:** **Bus** oder **Auto** von Mittersill über Felbertauernstraße oder von Lienz bis Matrei-Huben, von dort in das Kalser Tal bis Kals

**Unterkunft:** Lesachriegelhütte: Tel. 048 76/8480 und 0676/307 49 71 (8 Betten, 20 Lager, Anf. Juli–Anf. Okt.); Lesachhütte: Tel. 0663/563 72 (20 Lager, Mitte Juni – Anf. Okt.); Lesacherhof: Tel. 04876/ 8270, Fax -82704

In **Kals** nimmt man bei der Pfarrkirche das dort beginnende Sträßchen nach Glor, der Gasthof Ködnitzhof bleibt rechts. In **Glor** geht man nach den Häusern in das rechts abgehende Sträßchen zum Bach, das jenseits der Brücke als Forststraße in einer Linkskurve aufwärts führt. Am Beginn einer S-Kurve reicht ein baumloser Lawinenstrich herunter zur Straße, ein Schild weist uns auf den hier beginnenden Steig zum Lesachriegel. Der Ausdruck »Steig« ist etwas zu hoch gegriffen, es handelt sich manchmal um einen einigermaßen sichtbaren und ausgetretenen Steig, dann nur um Steigspuren, die aber immer so deutlich sind, dass man den Weg kaum verfehlen kann. Es geht der Falllinie folgend sehr steil aufwärts, erst bei einem Wasserbehälter beginnen Serpentinen. Man steigt weiter steil durch Wald, ab und zu sieht man auf Großdorf hinunter oder zur Muntanitzgruppe hinüber.

Das mühsame Steigen hat an einer Verflachung ein Ende, eine Bank und ein neues Marterl (das alte liegt daneben) laden zu Rast und Besinnung ein. Nur wenig höher quert der Weg eine neue Forststraße, wir haben die **Glorer Gärtenalm** (1.30 Std.) erreicht, von der wir zwei Gebäude sehen. Ein paar Meter auf der Forststraße nach rechts und weiter auf dem Steig. Nach einer Viertelstunde kommen wir an eine weitere Almhütte, diese hat einen Brunnen, wofür man nach dem schweißtreibenden Steigen recht dankbar ist. Schilder weisen hangparallel zur Tschadinalm und einen Lawinenstrich hinauf zum Lesachriegel. Man quert den Lawinenstrich zweimal im Aufstieg, biegt dann aber nach rechts in Hochwald ab, durch den man nur leicht ansteigend auf einem schönen Steig wandert. Er führt uns bald eine Geländerinne an einem abgerutschten Gesteinspaket entlang, die wie eine langgestreckte schmale und leicht ansteigende Wiese wirkt. An ihrem Ende haben wir überraschenderweise Ausblick auf den Gorner und den Rotenkogel in der Muntanitzgruppe – wir sind am **Lesachriegel** angekommen (2.15 Std.).

Nun im spitzen Winkel nach links, bis zu einem Forststräßchen, dem wir nach links und aufwärts folgen, bald sieht man die **Lesachriegelhütte,** die in wunderbarer Panoramaposition errichtet wurde (2.30 Std.). Jenseits des Lesachtals erhebt sich die im oberen Teil von Gletschern bedeckte zentrale Schobergruppe mit den mächtigen Berggestalten von (rechts) Hochschober (3242 m), Ganot (3102 m) und Ralfkopf (3106 m) sowie dem Glödis (3206 m). Man kann sich kaum satt sehen an diesem Anblick abweisender und gleichzeitig lockender unberührter Natur.

Wenn Sie sich dann doch losreißen, gehen Sie zuerst ein paar Meter weiter bis zu einem Wegweiser, der die Richtung hinunter in den Talschluss des Lesachtales, also zur Lesachalm, bestätigt. (Der unschwierige Aufstieg zur Schönleitenspitze, dem Gipfel über der Hütte, beginnt an deren Hangseite.) Zunächst quert man Almböden, dann geht es plötzlich sehr steil abwärts, und für eine Viertelstunde ist man mit dem Steig beschäftigt, hat keine Zeit, das Panorama zu be-

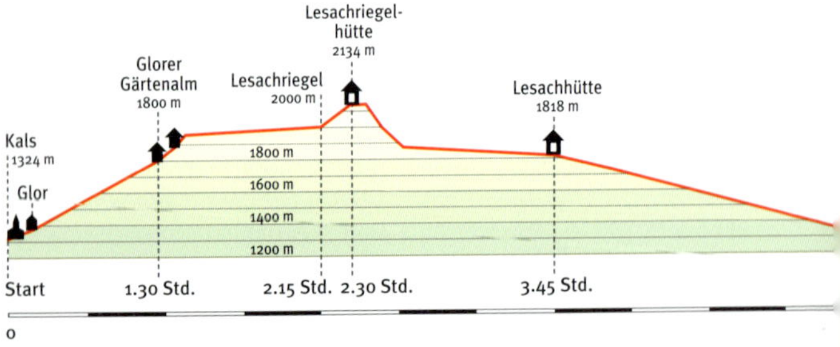

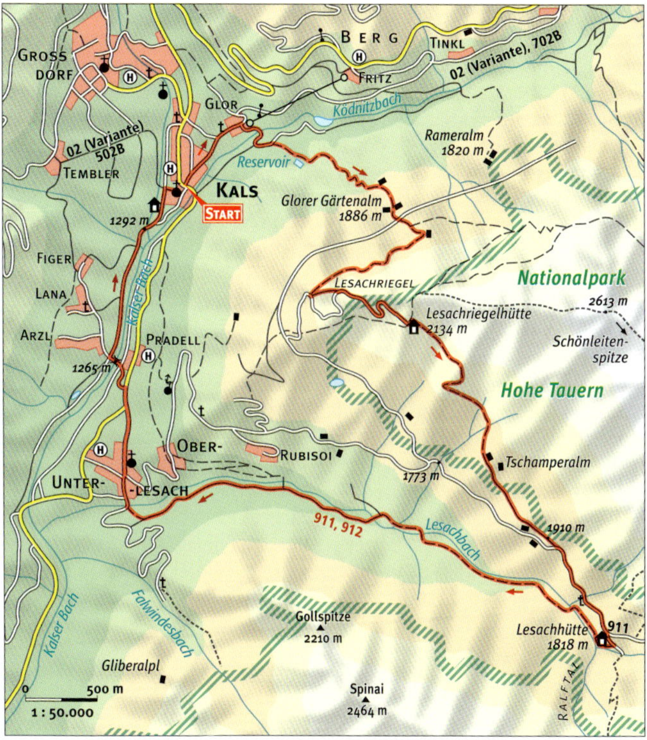


trachten. Am Ende dieses Steilstückes (2.50 Std.) quert der Steig leicht absteigend eine Wiese und taucht dann in den Wald ein. Man erreicht eine Alm, der Weidezaun wird auf einem Brettersteg überklettert, ein Almweg beginnt und 100 m weiter plätschert etwas oberhalb ein Brunnen. Weniger später mündet der Almweg in ein Almsträßchen, dem wir taleinwärts folgen. Nach einer guten halben Stunde erreichen wir auf ihm die Lesachalm und, etwas rechts unterhalb, die **Lesachhütte** (3.45 Std.).

Knödelsuppe und Hefeweizen oder Kaiserschmarrn mit frischer Milch, eventuell ein Abstecher weiter taleinwärts (in 10 Min. ist die Grenze des Nationalparks erreicht und die Hochalm, ein Steg führt über den Lesachbach, dann herrscht nur noch Einsamkeit). Dann der Abstieg über den Bachweg: Vor der Le-

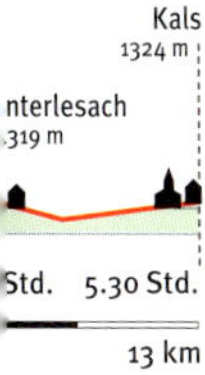

sachhütte zweigt ein Steig ins Tal ab (Schilder), er senkt sich rasch zum Bach hinunter, quert ihn auf einem Steg und bleibt dann immer schön in der Nähe des rasch fließenden Wassers. Meist führt der Weg durch typisches bachnahes Gehölz mit viel blattreichem Unterwuchs, ab und an quert man jedoch einen baumlosen Lawinenstrich. Leider ist dieses Wegstück allzu schnell zu Ende, ein Steg (4.15 Std.), der uns wieder auf die rechte Seite führt, bringt uns auf eine Forststraße, der wir nun folgen. Sie quert nochmals den Bach (schöner Rückblick!), bleibt dann aber auf der linken Seite. Abzweig und Steg in Richtung Oberlesach lassen wir unbeachtet, aber vom Schild »Unterlesach Parkplatz« (4.45 Std.) lassen wir uns auf ein zum Teil getrepptes Steigerl nach rechts leiten. Es führt uns durch Wald zur Kneippanlage des Ortes – mit wirklich eiskaltem Wasser – und zur Brücke . Auf der Straße in den Ort **Unterlesach** hinauf und hinunter zur Kalser Talstraße, der wir etwa 100 m talaufwärts folgen bis zur Abzweigung nach Lana (5 Std.).

Direkt nach der Brücke geht es rechts auf eine Staubstraße. (Ein Schild gibt Unterlesach mit einer halben Stunde Gehzeit an, da muss man schon, wie Sie feststellen können, sehr langsam gehen, um diese Zeit zu benötigen). Bei der nächsten Brücke werden wir auf die andere Bachseite gelenkt, dem Sträßchen folgen wir bis unterhalb der Pfarrkirche von **Kals,** wo ein schmaler Steig beginnt (Schild »Kulturweg«), der zu ihr hinauf führt und zum Ausgangspunkt der Tour (5.30 Std.).

# Register

# DUMONT EXTRA

Der Reiseführer mit topaktuellen Tipps und fünf ungewöhnlichen Extra-Touren. Hinten im Buch befindet sich die Extra-Karte zum Herausnehmen – jederzeit griffbereit.

Jeder Band wird jährlich aktualisiert!

»Große Klasse zum kleinen Preis: schnelle Infos, tolle Fotos, fünf Touren, moderne Grafik und Extrakarte. Ein kompletter Reiseführer für junge Leute und Junggebliebene. Mit Insidertipps, die jede Reise zu einem wahren Vergnügen machen.« *buch aktuell*

»Es handelt sich hier um kompakte Reiseführer mit verlässlichen, topaktuellen Tipps und wirklich lohnenden, originellen Routenbeschreibungen. Außerordentlich ist die jährliche Neuauflage! Insgesamt bietet ›DUMONT Extra‹ Tipps, Tipps und nochmals Tipps; und diese dann auch garantiert Jahr für Jahr neu.«

*Nordbayerischer Kurier*

Weitere Informationen über die Titel der Reihe DUMONT-Extra erhalten Sie bei Ihrem Buchhändler oder beim DUMONT Reiseverlag • Postfach 10 10 45 • 50450 Köln
Besuchen Sie uns im Internet: www.dumontreise.de